Bien lire et aimer lire

Livre 3 : Cours préparatoire et élémentaire
(Cycle des apprentissages fondamentaux)

CAHIER D'EXERCICES DE LECTURE SYLLABIQUE

Avec la méthode
phonétique et gestuelle
créée par
Suzanne Borel-Maisonny

ESF *éditeur*

COLLECTION DIDACTIQUE DU FRANÇAIS

Illustrations : Thierry Lamouche et Mademoiselle YZ
Photographies : Patrick Depelsenaire

© 2001 ESF éditeur
Division de Reed Business Information
2 rue Maurice Hartmann, 92133 Issy-les-Moulineaux
3ᵉ édition 2003
ISBN 2 7101 1506 9
ISSN 1158-4580

Le Code de la propriété intellectuelle n'autorisant, aux termes de l'article L. 122-5, 2° et 3° a), d'une part, que les « copies ou reproductions strictement réservées à l'usage privé du copiste et non destinées à une utilisation collective » et, d'autre part, que les analyses et les courtes citations dans un but d'exemple ou d'illustration, « toute représentation ou reproduction intégrale, ou partielle, faite sans le consentement de l'auteur ou ses ayants droit, ou ayants cause, est illicite » (art. L. 122-4). Cette représentation ou reproduction, par quelque procédé que ce soit, constituerait donc une contrefaçon sanctionnée par les articles L. 335-2 et suivants du Code de la propriété intellectuelle.

PLAN DE L'OUVRAGE

Avant-propos 7
Légende des consignes 11

■ **Les voyelles**
a – o – é – u – i – y 13

■ **Les consonnes continues**
f – s – ch 19
v – j – z 24
l – m – r 30

■ **Révision** 38

■ **Consonne + voyelle + consonne** 39

■ **Cas particuliers**
un 42
n 44
un – une 46

■ **Les consonnes occlusives sourdes**
p 48
t 49
c 50

■ **Les consonnes occlusives sonores (1re série)**
d 54
b 56

■ **La lettre « e »**
e 60
è – ê 62
est 64

les, des, mes, tes, ses	66
« nt »	68

■ **Consonnes occlusives sonores (2ᵉ série)**

g – gu	70

■ **Consonne + consonne + voyelle** 72

■ **Voyelles nasales, diphtongues et graphies complexes**

an – am	74
ane – ame	76
on – om	78
ona – omme	80
oi	82
oin	86
ou	88
h	90
elle	92
k – qu	94
eau – au	96
et	98
im – ym – in – yn	100
ine – ime – in – im	102
ai – ei	104
et (à la fin du mot)	106
er – ez (à la fin du mot)	108
eu – œu	110
er (au milieu du mot)	112
ph	114
gn	116
elle, **e**sse, **e**rre, **e**tte, **e**nne	118
ec, **e**s, **e**f, **e**l, **e**r	120
ca, co, cu, cé, ci, cy	122
ca, co, cu, ça, ço, çu	124

ga, gu, go, ge, gi, gy	128
gue, gui, guy, geo, gea	130
ain, aim, ein	134
en, em	136
ti = [si]	138
s (entre deux voyelles)	140
ille, aille, ouille	142
ien	144
euil, euille, eil, eille	146
y (entre deux voyelles)	148
x	150
é – è	152
■ **Exercices complémentaires**	153
■ **Alphabet**	156

AVANT-PROPOS

Ce livre, sous forme de fichier d'exercices de lecture, suit la progression de *Bien lire et aimer lire*, livre 1, de Clotilde Silvestre de Sacy, fondé sur la méthode phonétique et gestuelle créée par Suzanne Borel-Maisonny.

À chaque leçon de lecture du livre 1 correspond une page de cet ouvrage ainsi que, régulièrement, des fiches bilan.

Comme *Bien lire et aimer lire – 1*, nous utilisons volontairement la méthode **syllabique** afin d'amener l'enfant, au moyen d'un **apprentissage très progressif**, à devenir un être qui saura lire. Lira-t-il par plaisir ? À lui d'en décider. Il sera néanmoins capable de lire chaque fois que cela s'avérera nécessaire.

L'utilisation du livre 3 et du livre 1 ensemble donneront les meilleurs résultats. Toutefois, des enseignants se servant d'autres livres apprécieront son efficacité, comme nous avons pu le constater en testant, lors de leur élaboration, les fiches qui constituent le présent ouvrage.

Si ce livre est utilisé en cours d'année scolaire, il est conseillé de s'assurer que l'enfant soit capable de faire les exercices du début.

Il n'est pas indispensable de travailler sur chaque fiche (sauf si l'enfant a des difficultés) mais il est préférable de le faire sur celles où il y a des exercices nouveaux (numéros 3 et 4, page 19).

Si les exercices des premières fiches s'avèrent trop difficiles, ne continuez pas, créez des exercices plus faciles ou, si vous le désirez, entrez en contact avec l'auteur[1].

Par souci de cohérence et pour s'adapter au stade de connaissance de l'enfant, nous avons adopté un système de consignes dessinées. En effet, pourquoi écrire des consignes puisqu'il ne sait pas encore lire ? Respectons la progression de la méthode. Les consignes seront écrites quand l'enfant aura la connaissance technique qui lui permettra de les lire.

Dessinons donc les consignes ; l'enfant est très capable de comprendre un dessin, puis une suite de dessins. Il faut préalablement, au moyen d'un travail oral, familiariser l'enfant à découvrir ce qu'il doit faire. C'est un exercice qui se révèle très ludique.

Quelquefois, vous trouverez d'autres consignes non répertoriées dans la liste, p. 11, parce qu'elles sont peu utilisées et très faciles à interpréter (ex., p. 38).

Vous pouvez, en guidant les enfants, les amener à découvrir la consigne. Que veut dire chaque crayon ? Pourquoi ?

Exemple : exercice oral, « Je dis le mot qui correspond à chaque dessin », des traits sortent de la bouche du crayon.

---

1. Coordonnées de l'auteur : www.yvesblanc.com

Si vous le voulez, vous pouvez aussi commencer par leur dire la consigne. Les enfants vous expliquent alors quelle consigne est représentée par tel dessin.

Ces consignes dessinées leur permettent d'être beaucoup plus autonomes dans leur travail.

Quand les énoncés écrits arrivent, l'enfant a beaucoup de plaisir à les lire. La lecture de la consigne, aussi courte soit-elle, est en elle-même un exercice trop souvent sous-estimé. Accordez-lui la plus haute importance.

En tête de chaque leçon, vous trouverez systématiquement (jusqu'à la page 150) deux éléments : à droite, la photo de Marie ou de Nicolas prononçant le son étudié, accompagné du geste correspondant ; à gauche, un dessin pour l'auto-évaluation de l'enfant, à compléter selon qu'il estime la fiche d'exercices facile, moyennement facile ou difficile :

| Facile | Moyen | Difficile |

Concernant les dessins, il est préférable de laisser les enfants trouver le mot correspondant à chaque dessin. Leur réponse est parfois étonnante ! Si l'enfant trouve un mot voisin, par exemple, canapé au lieu de fauteuil, cela vous permettra de définir chacun des mots afin qu'il comprenne leur différence.

Les exercices de base de ce livre (découpage des mots en syllabes) ont été éprouvés dans l'enseignement spécialisé auprès d'enfants âgés de 9 ans et plus, qui avaient échoué en partie dans leur apprentissage de la lecture, du fait d'une absence d'exercices répétitifs simples. Les années suivantes, le travail a été revu et adapté pour répondre aux besoins d'une classe de cours préparatoire dans l'enseignement traditionnel.

Volontairement, le découpage syllabique se retrouve tout au long de ce cahier d'exercices, pour permettre à l'enfant d'acquérir une compétence et une aisance dans le mécanisme de la lecture.

La lecture syllabique n'est en aucun cas synonyme de lecture ânonnante. Dès les premiers mots lus, dès les premières phrases lues, il faut amener l'enfant à une lecture fluide.

Certains enfants iront plus vite que d'autres. Permettez à ceux qui auront des difficultés, d'avancer à une allure plus lente. L'enfant doit se voir progresser. Parfois, l'enfant sera troublé par un échec. Reprenez avec lui des phrases ou un petit texte déjà lus afin qu'il constate les progrès réalisés.

Expliquons maintenant certains types d'exercices.

– Le numéro 1 des pages 13 à 17, 19 à 21, 24 à 26, 30 à 34 et 44 : cet exercice requiert une prononciation et une écoute correctes afin que l'enfant entoure les dessins où se trouve le son abordé. S'il échoue, vérifiez séparément la prononciation et l'écoute pour chaque dessin.

– Le numéro 2 des pages 13 à 17 : l'enfant doit bien séparer les syllabes. Il montre le carré avec son doigt en même temps que la syllabe est dite. Il ne doit être ni en avance ni en retard. Une fois cela fait correctement, il colorie le carré.

— L'exercice de graphisme de lettres : si les interlignes sont trop petits, tracez les traits appropriés sur une feuille puis réduisez petit à petit l'espace entre les lignes.

— Le numéro 4 des pages 19 à 21, 24 à 26, 31 à 35 et 45 : l'enfant lit correctement les syllabes écrites, trouve le nom des dessins, puis repère celui où se trouve chaque syllabe lue. Alors il trace le trait ou recopie chaque syllabe.

— Reformer un mot à partir de ses syllabes : l'enfant doit connaître le mot correspondant à chaque dessin et il doit pouvoir le dire en séparant les syllabes. Puis il lit les syllabes et écrit le mot.

— Les phrases « à trous » : vous trouverez une longue série de pages avec des phrases à compléter, d'abord d'un mot par phrase, puis de deux mots par phrase.

Bien entendu, l'enfant n'est pas obligé de compléter les phrases dans l'ordre. Il complète d'abord celle qui, selon lui, est la plus facile. Il barre au fur et à mesure les mots utilisés.

Pour chaque exercice à trous, une phrase a été dessinée. Toutefois, l'enfant doit choisir parmi les deux dessins celui qui correspond exactement à la phrase entière. L'enfant entoure la phrase illustrée, entoure le dessin qui lui correspond puis relie les deux par un trait.

— Exercices sur les mots à découper en syllabes : la présence de petits traits sur lesquels les syllabes seront écrites, facilite l'exercice. Puis il n'y aura plus qu'une ligne.

— Exercices sur les mots « attachés » puis les phrases « attachées » : l'enfant lit ce qui est écrit, relit afin de mettre les séparations, lit à nouveau en marquant un court silence à l'endroit du trait, alors seulement il recopie en séparant les mots.

— Exercices sur les mots et phrases découpés syllabiquement : l'enfant lit syllabiquement, relit en liant les syllabes d'un même mot, entoure d'un trait celles formant un mot, la dernière lecture est fluide. Il recopie alors les mots ou la phrase.

— Questions de phrases : avant de s'assurer que l'enfant comprend un texte, vérifions sa compréhension d'abord par une phrase simple, puis par une phrase plus complexe. La formulation de la question elle-même pourra présenter des difficultés entraînant une incompréhension de la question. Assurez-vous que l'enfant comprend bien ce que veut dire la question ! Sinon, comment pourra-t-il répondre ?

Vous serez parfois étonné des difficultés rencontrées alors que la phrase et les questions paraissent simples à l'adulte.

Ex : « Thomas a rencontré Lucie. Il lui a donné un bonbon. »

Il est impératif que l'enfant sache qui a donné un bonbon, en l'occurence Thomas. L'enfant doit comprendre clairement que « Il » remplace Thomas.

En aucun cas l'enseignant ne doit lui dire que « Il » est un pronom personnel masculin, 3e personne du singulier sujet de « a donné ».

Ce n'est pas une leçon de grammaire !

De même, l'enfant doit savoir à qui Thomas a donné un bonbon ; « lui » remplace « Lucie ». Il faut dire au jeune lecteur que « Il » remplace Thomas et « lui » remplace Lucie. On aurait pu écrire : « Thomas a donné un bonbon à Lucie » mais, c'est écrit : « Il lui a donné un bonbon. » Peu d'enfants sont capables à cet âge de vous dire que « Il » c'est Thomas et « lui » c'est Lucie.

L'objectif est de faire en sorte qu'à la fin du CP, beaucoup d'enfants, tous si possible, puissent nous le dire.

Vous trouverez en fin d'ouvrage (p. 152-158) des fiches d'exercices complémentaires à utiliser quand l'enseignant le juge nécessaire ainsi qu'un alphabet (p. 156) où le nom de la lettre est représenté par un, deux ou trois gestes – donc autant de sons – suivant la lettre (sauf pour Y et W). De cette manière, l'enfant pourra mieux comprendre la différence qu'il y a entre le nom de la lettre et la façon dont on l'entend et dont on la prononce dans un mot.

L'alphabet est à compléter au fur et à mesure que l'on étudie les sons qui permettent de dire le nom des lettres. L'enfant écrit alors en minuscule cursive la lettre dans le rectangle contigu à celui contenant la lettre écrite en minuscule d'imprimerie.

Rythme d'apprentissage

Les premières lettres (a, o, é, u, i et y) peuvent être abordées au rythme d'une lettre tous les 2 jours de classe (i et y sont vues ensemble).

Les consonnes, une tous les 3 ou 4 jours de classe.

Quand vous constatez une difficulté, n'hésitez pas à rester plus d'une semaine sur une même leçon. S'il le faut, revenez en arrière et revoyez la ou les leçons précédentes.

Adaptez la progression à la réalité de votre classe pour un enseignant, à celle de votre enfant pour un parent.

Pages difficiles du fichier

Les pages 84-85 et 132-133 sont difficiles.

Travaillez oralement chaque exercice avec les enfants, autant que nécessaire, puis, le jour suivant, donnez l'exercice écrit. Vous pouvez aussi préparer vous-mêmes des exercices plus faciles. Il est conseillé d'agir ainsi pour tout exercice de ce fichier qui s'avère trop dur pour les enfants.

Choix de la méthode de lecture et rapidité d'apprentissage

Une enseignante de CP utilisant une méthode semi-globale appréciait les fiches du présent ouvrage, utilisées conjointement à son livre et fichier de lecture.

Elle avait néanmoins de réelles difficultés dans sa classe, trop de sons n'avaient pas été vus ou acquis. Certains enfants étaient en échec.

Après réflexion, cette enseignante a choisi d'utiliser, l'année suivante, le livre 1 de lecture *Bien Lire et aimer Lire* ainsi que le présent fichier. Les changements ne se sont pas faits attendre, la progression a été rapide et les résultats, en classe en très nets progrès, comparativement à l'année précédente.

Elle est allée bien plus vite qu'elle ne l'avait espéré. Elle est allée vite car les enfants apprenaient vite et bien. Elle a dû les suivre…

Nous espérons que cette nouvelle application de la méthode de Suzanne Borel-Maisonny – très attendue – saura répondre aux exigences du public et permettra à de nombreux enfants de devenir de bons lecteurs.

Maintenant, à vous de jouer! Et n'oubliez pas : l'auteur peut vous aider à résoudre des difficultés ou sera vivement intéressé par vos remarques, critiques et suggestions sur son site : www.yvesblanc.com

LÉGENDE DES CONSIGNES

Consigne 1 — Je dis lentement le mot qui correspond à chaque dessin.

Consigne 2 — J'entoure le dessin ou la lettre où j'entends le son.

Consigne 3 — Un carré correspond à chaque syllabe du mot. Je dis le mot lentement en montrant le carré qui correspond à chaque syllabe.

Consigne 4 — Je colorie le carré où j'entends le son.

Consigne 5 — J'observe le modèle.

Consigne 6 — J'écris et je commence à partir du point.

Consigne 7 — J'écris, je trace ou je sépare.

Consigne 8 — Je relie.

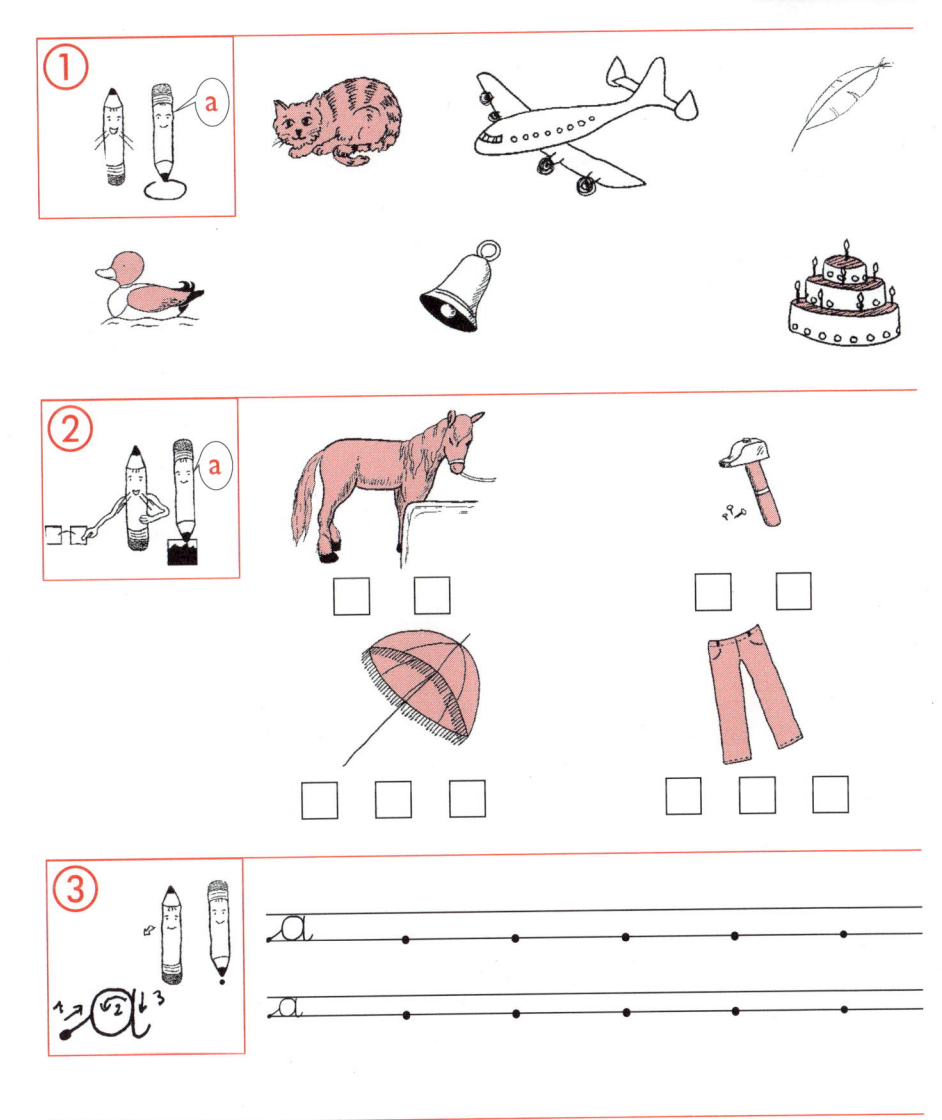

a

① a

② a

③ a a

④

14

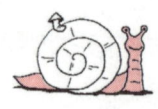

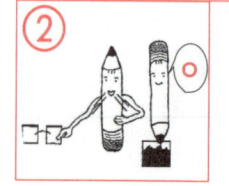

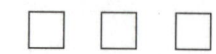

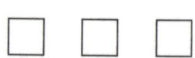

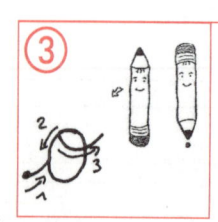

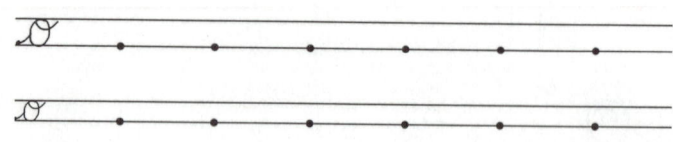

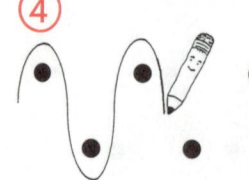

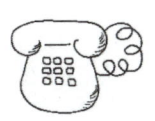

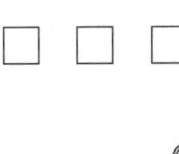

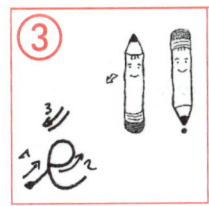

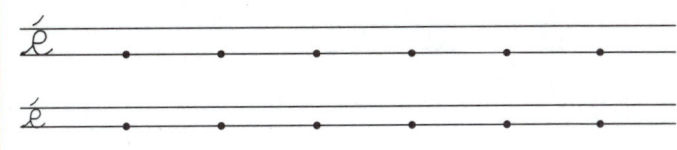

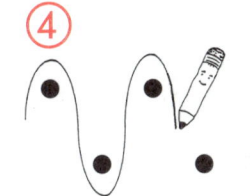

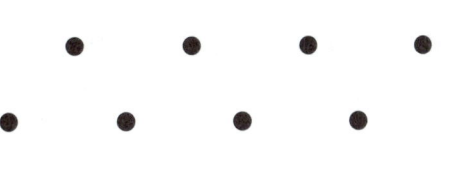

é

1.

2.

3.

é
é

15

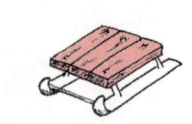

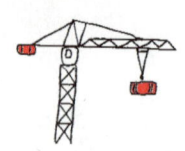

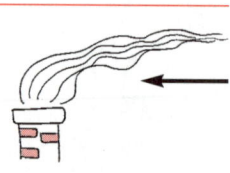

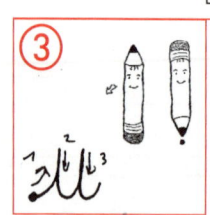

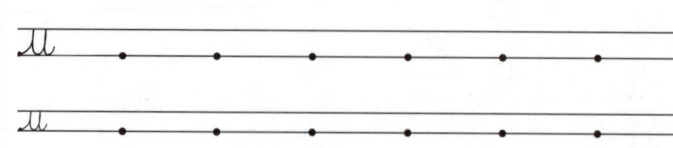

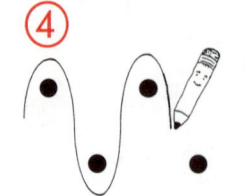

u

y
i

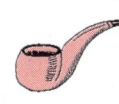

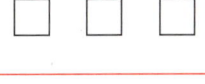

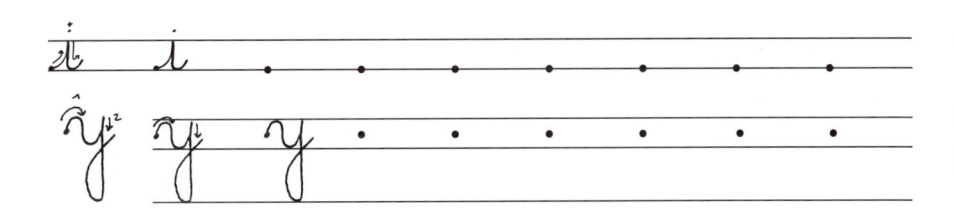

① i

② i

③

i i

y y y

① a

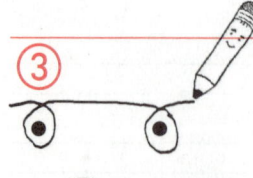

②

o   a   u   é

u   é   i   o

a   é   o   i

③

18

f

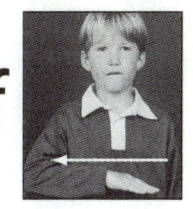

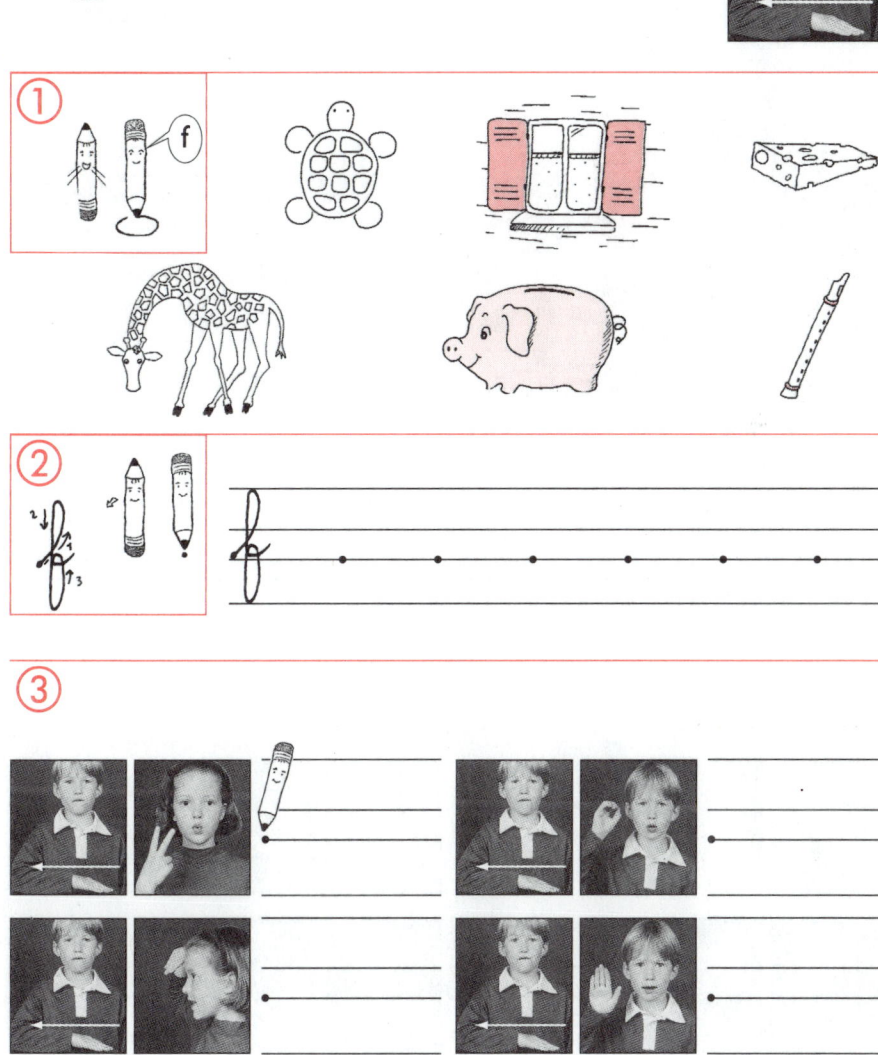

①

②

③

④ fa   fo   fu   fi

19

S

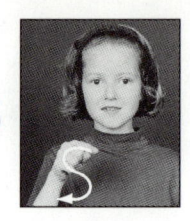

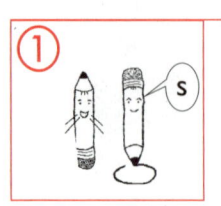

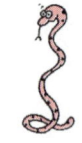

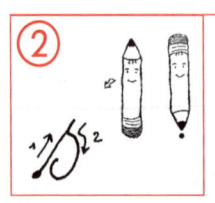

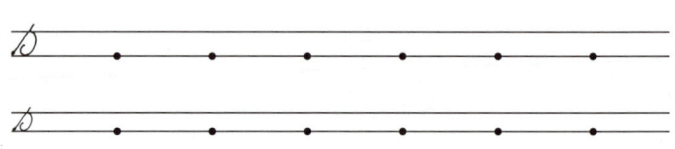

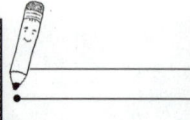

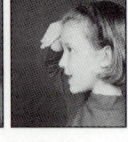

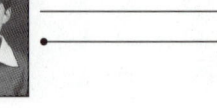

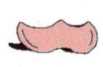

①

②

③

④ sa　si　so　su

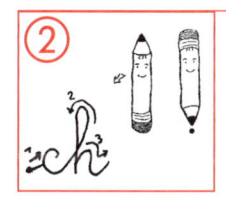

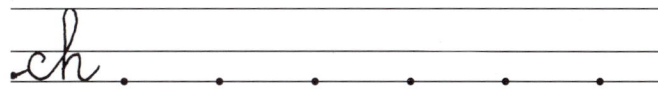

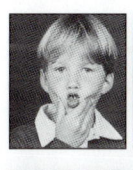

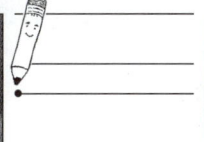

ch

①

② ch

③

④ cha   cho   chu

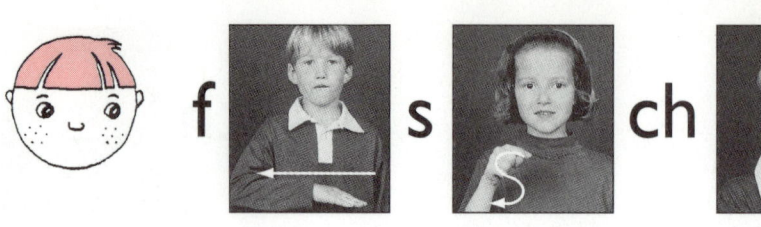

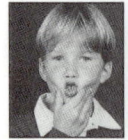

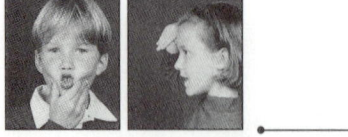

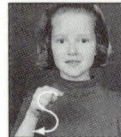

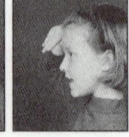

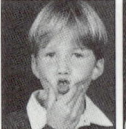

①

② cha   su   cho   fi

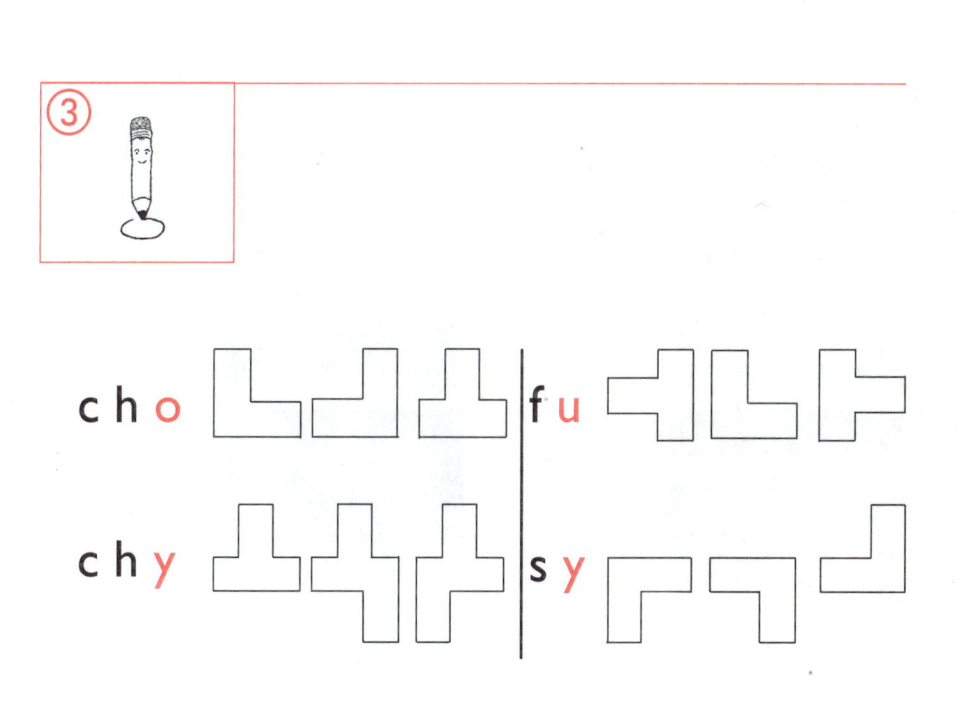

③

c h o | f u
c h y | s y

v

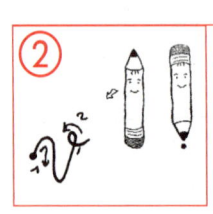

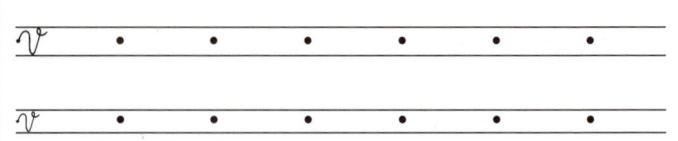

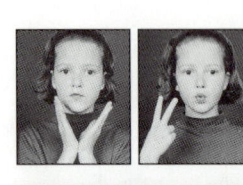

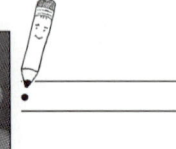

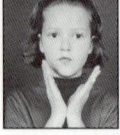

①

②

③

④ va　　　vi　　　vé

j

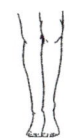

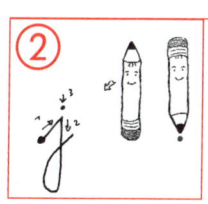

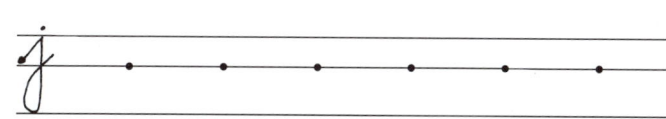

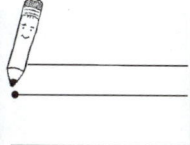

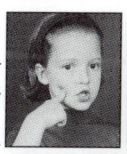

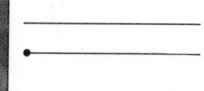

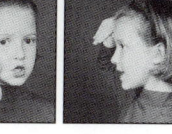

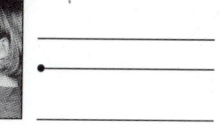

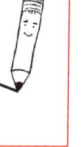

①

②

③

④ ja   ju

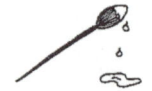

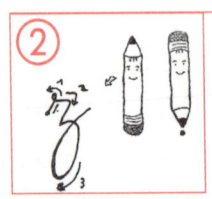

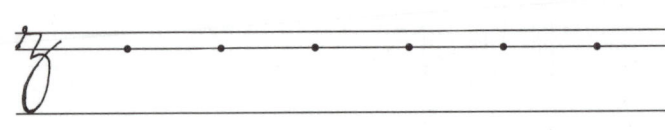

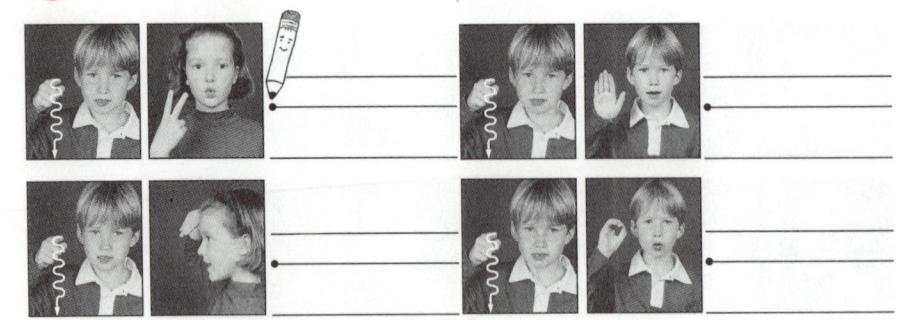

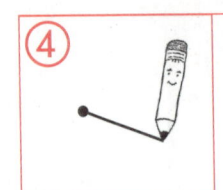

z

za   zé

v   j   z

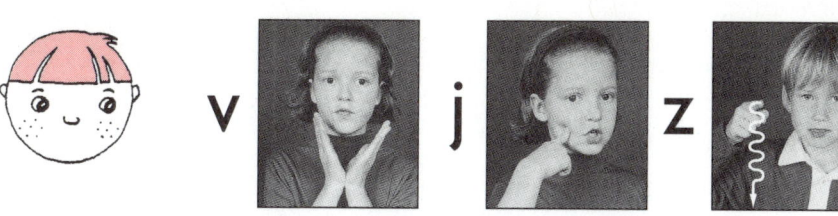

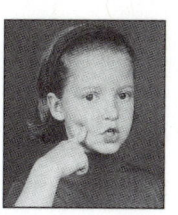

①

② za   va   ju   zé

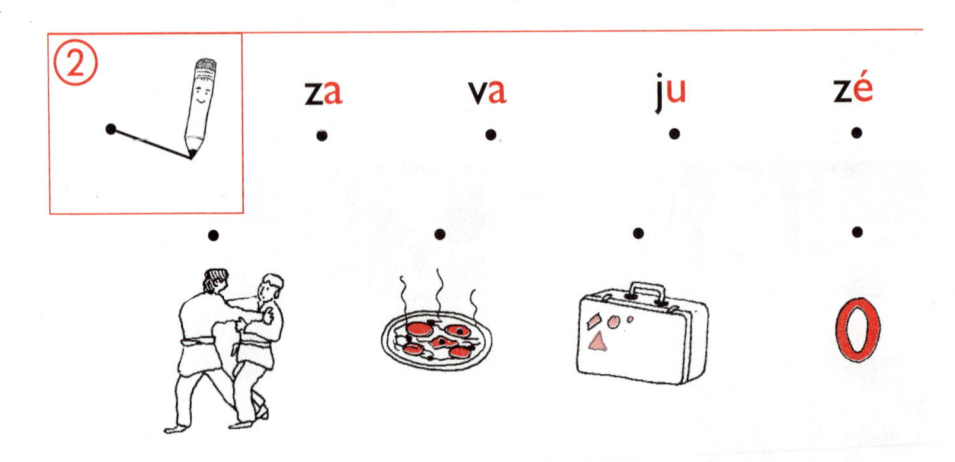

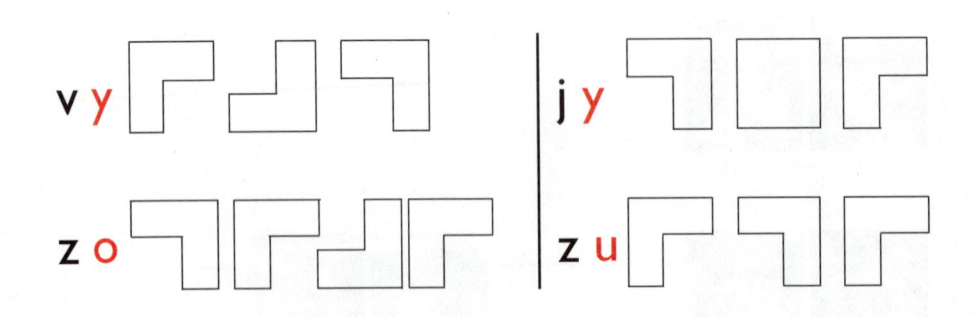

③

v y

z o

j y

z u

④

z
v
j

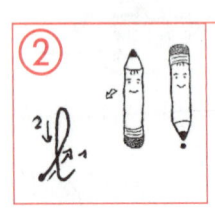

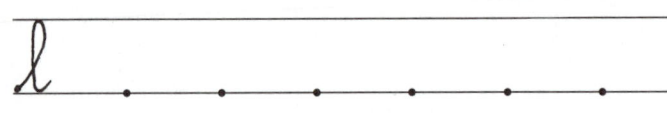

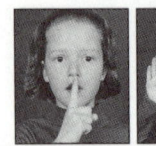

①

②

l

③

30

④ la   lo   li   lé

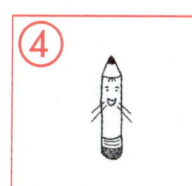

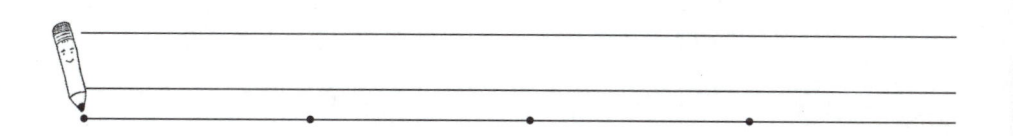

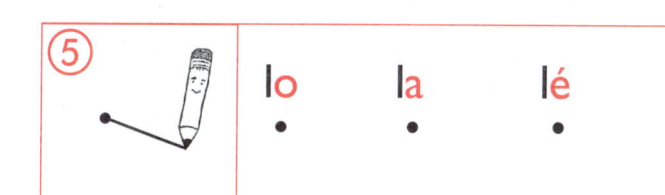

⑤ lo   la   lé   li   lu

31

m

① m

②

③

32

④ mi   mu   mé   mo

⑤ mo   mé   ma   mi

r

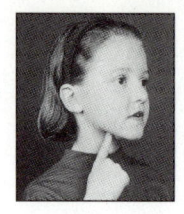

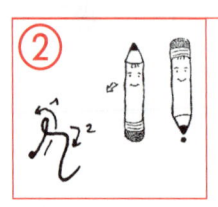

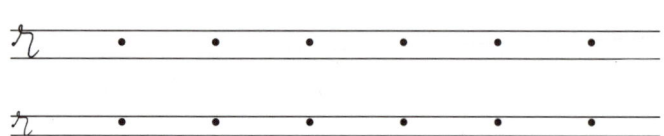

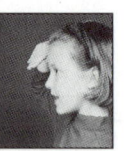

①

②

③

④ ré ro ra ri

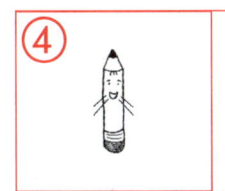

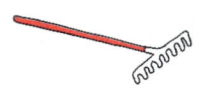

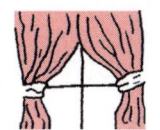

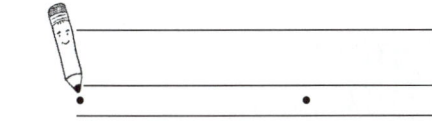

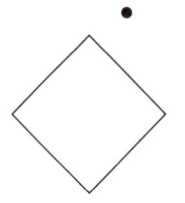

⑤ ré ra ro ri

35

l m r

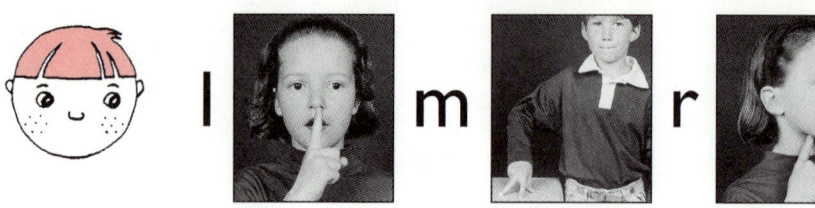

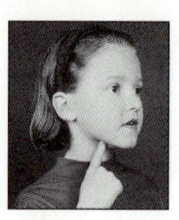

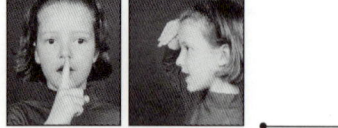

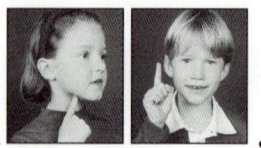

①

② la lo lé mu mi ré ro

①

f = _____   a = _____

s = _____   é = _____

ch = _____   i = _____

v = _____   o = _____

j = _____   u = _____

z = _____   y = _____

l = _____

m = _____

r = _____

②

lola = _____   vélo = _____

lulu = _____   rémi = _____

allo = _____   jérémie = _____

vache = _____   zéro = _____

yves = _____

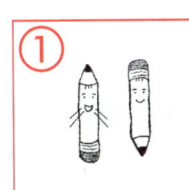

① fém   sar   chul   jil   lom   zuv

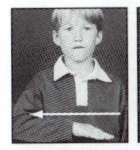

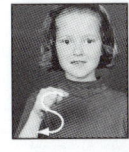

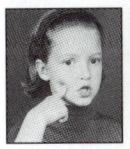

② val   mar   vis   sol   vol   char

③

	sul	sol	sor
	chal	chil	char
	vor	vis	vir
	val	vol	var
	mir	més	mar
	vul	vol	vés

un
un

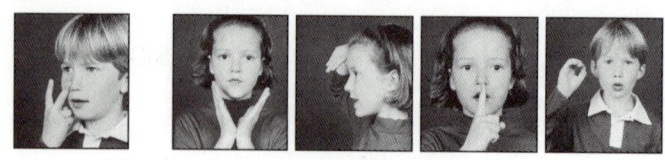

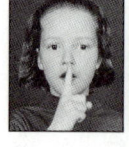

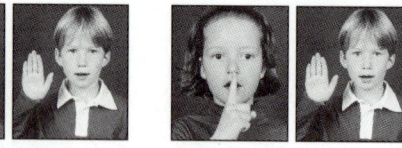

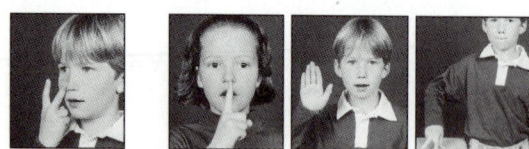

①

___ _____

_____ _____ e

___ _____

___ _____t_____

42

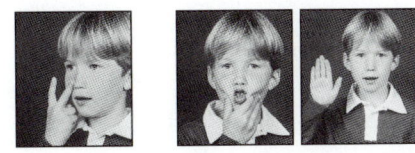

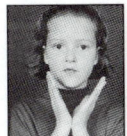

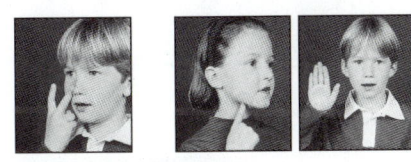

___   _____
        t

_____   _____
                         e

_____   _____   _____
              t

___   _____
          t

n ← a i é
n ← a i é

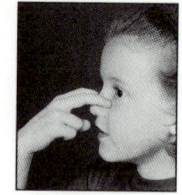

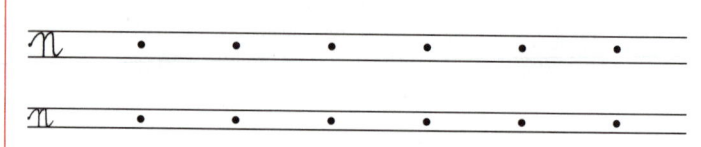

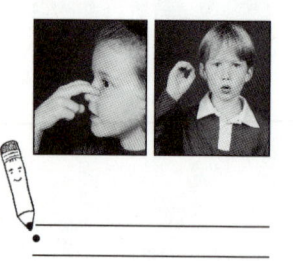

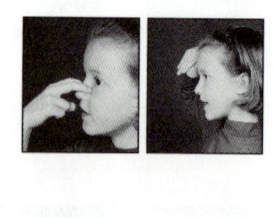

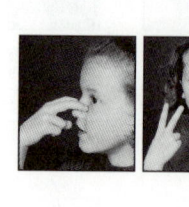

① n

②

③

44

④ na　　ni　　no　　nu

⑤ nal　ni　na　no

un
une

①

• _____ navire   • _____ vache   • _____ mur

• _____ affiche • _____ année   • _____ âne

• _____ numéro   • _____ lionne

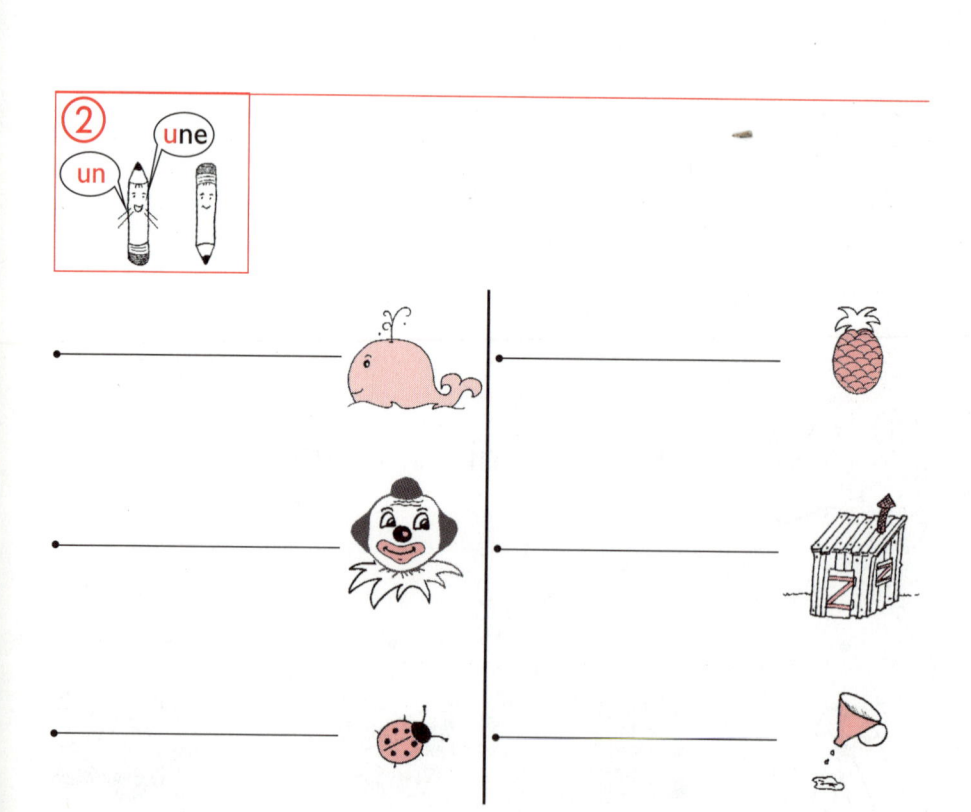

②

③ un|vélo un vélo

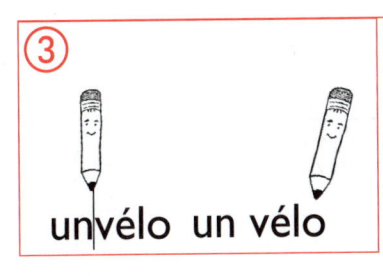

unrat .———————————

unenarine .———————————

unrenard .———————————

unerame .———————————

unchat .———————————

uneniche .———————————

P < a o u i é

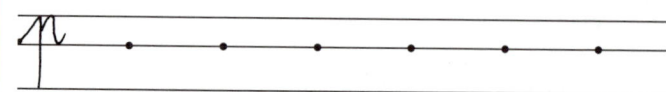

①

② lo
vé vélo

ra
pa
sol

ma
py
ja

no
pia

lo
po

③ une pile   un pylône

une palme   une pipe

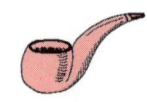

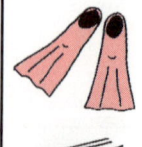

t ← i u é a o y
t ←

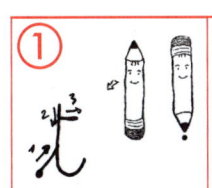

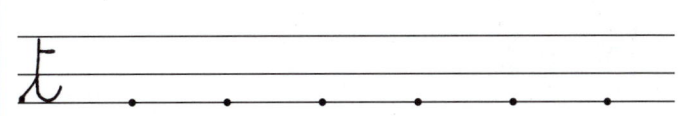

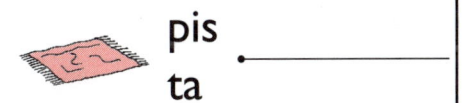

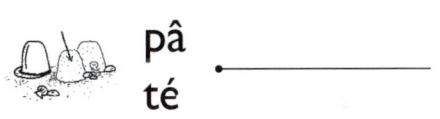

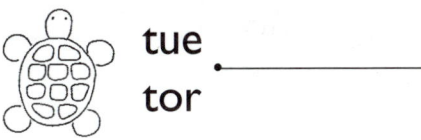

①
t

②
lo
vé   vélo

pis
ta

pâ
té

ta
mis

tue
tor

③ la tétine   une tasse
un pirate   la tulipe

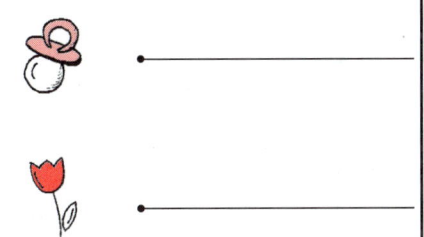

49

c ← a o u a u e
c ← a o u a u e

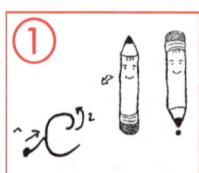

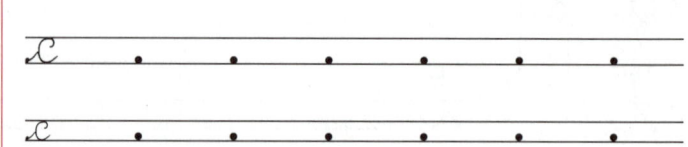

①

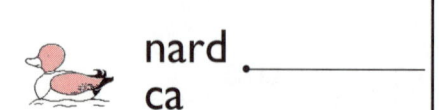

② lo
vé   vélo

mé
ca
ra

nard
ca

tor
cas

ca
na
pé

③ une écurie   le canari
la locomotive   un carré

p 　　　t 　　　c

①  lo
vélo

~~vé~~　　ca　　cas　　pia　　ta　　tor

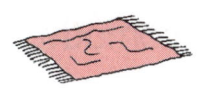

pis •

no •

tor •

mé
ra •

tue •

51

② le vélo

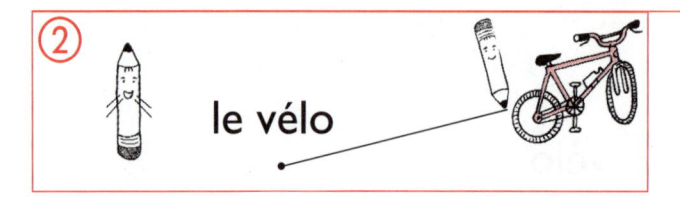

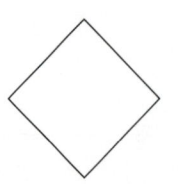

- la locomotive
- le pirate
- une écurie
- un pyjama
- un carré

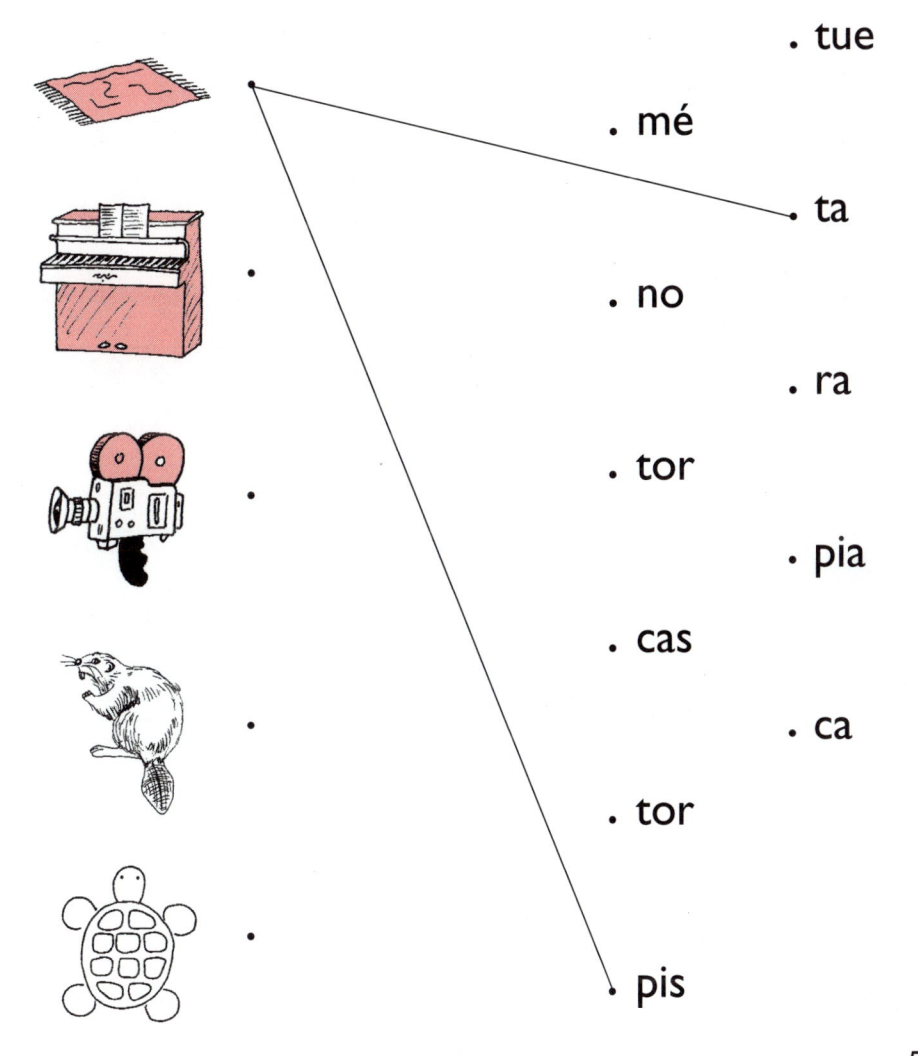

③

- tue
- mé
- ta
- no
- ra
- tor
- pia
- cas
- ca
- tor
- pis

d < é u o

d < o i

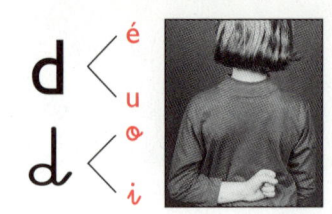

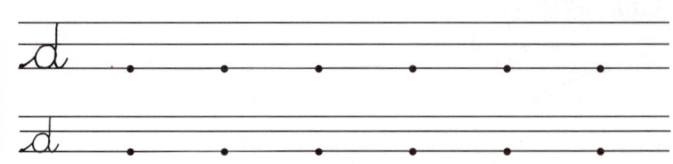

①

② lo vé vélo

mi
no
do

dio
ra

ra
dis

ju
do

54

③ une pédale   la salade
  un dé   le sac à dos

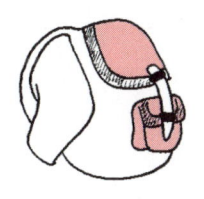

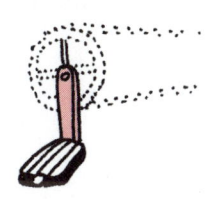

b < a u o i

ℓ <

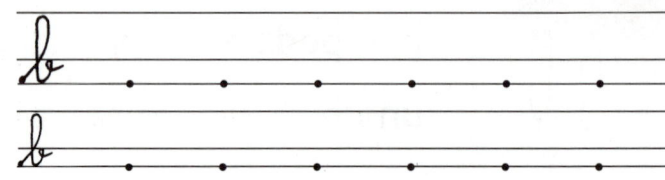

①

② lo
vé   vélo

va
bo
la

bu
bar

cuit
bis

ro
bot

56

③ la cabane   le cube
  une banane   une robe

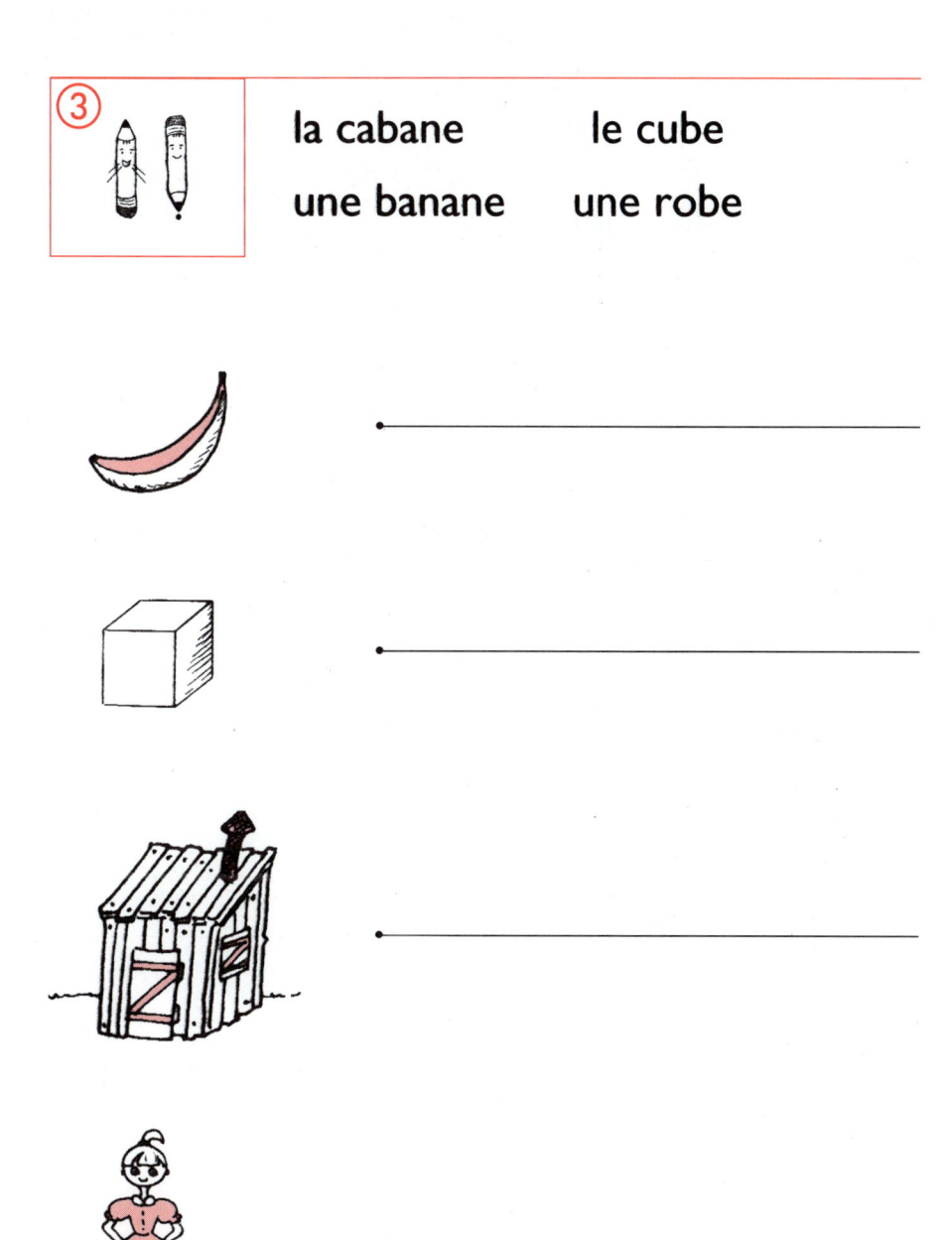

d 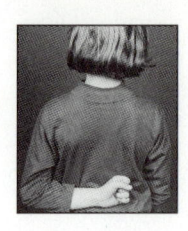   b

①  lo
vé   vélo

yé   bis   bu   bot   dis   do   dio

bar •

ra •

ro •

no •
mi

cuit •

ra •

② le vélo

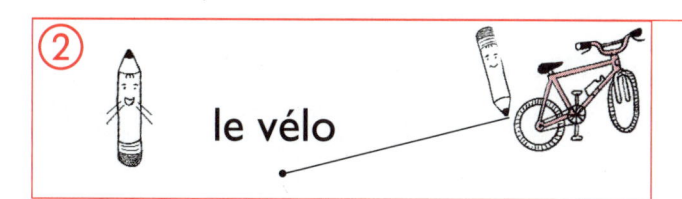

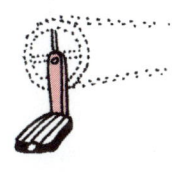

- un cube
- une pédale
- la cabane
- une robe
- la salade

→ e →   →e

① **reforme le mot :**

val
che

née
che
mi

te
ma
las

nard
re

② le / la

③ levélo le vélo

lebébé

lacasserole

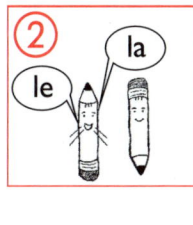

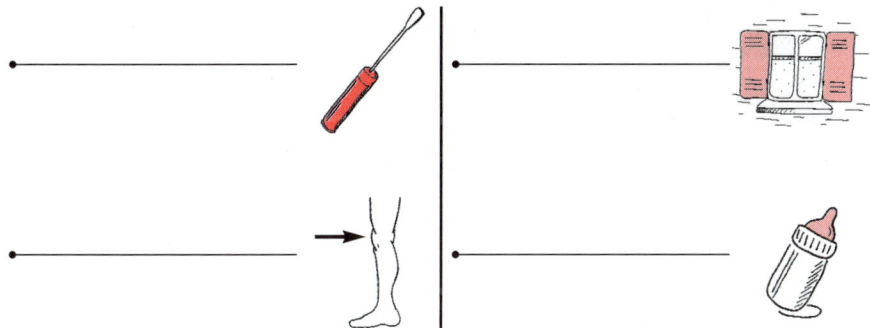

lechat

lebiscuit

61

z
ch ➤ è
r
t ➤ ê

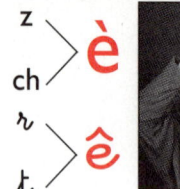

① **reforme le mot :**

te
tê

liè
re
sa

ca
tiè
fe
re

rêt
fo

② le / la

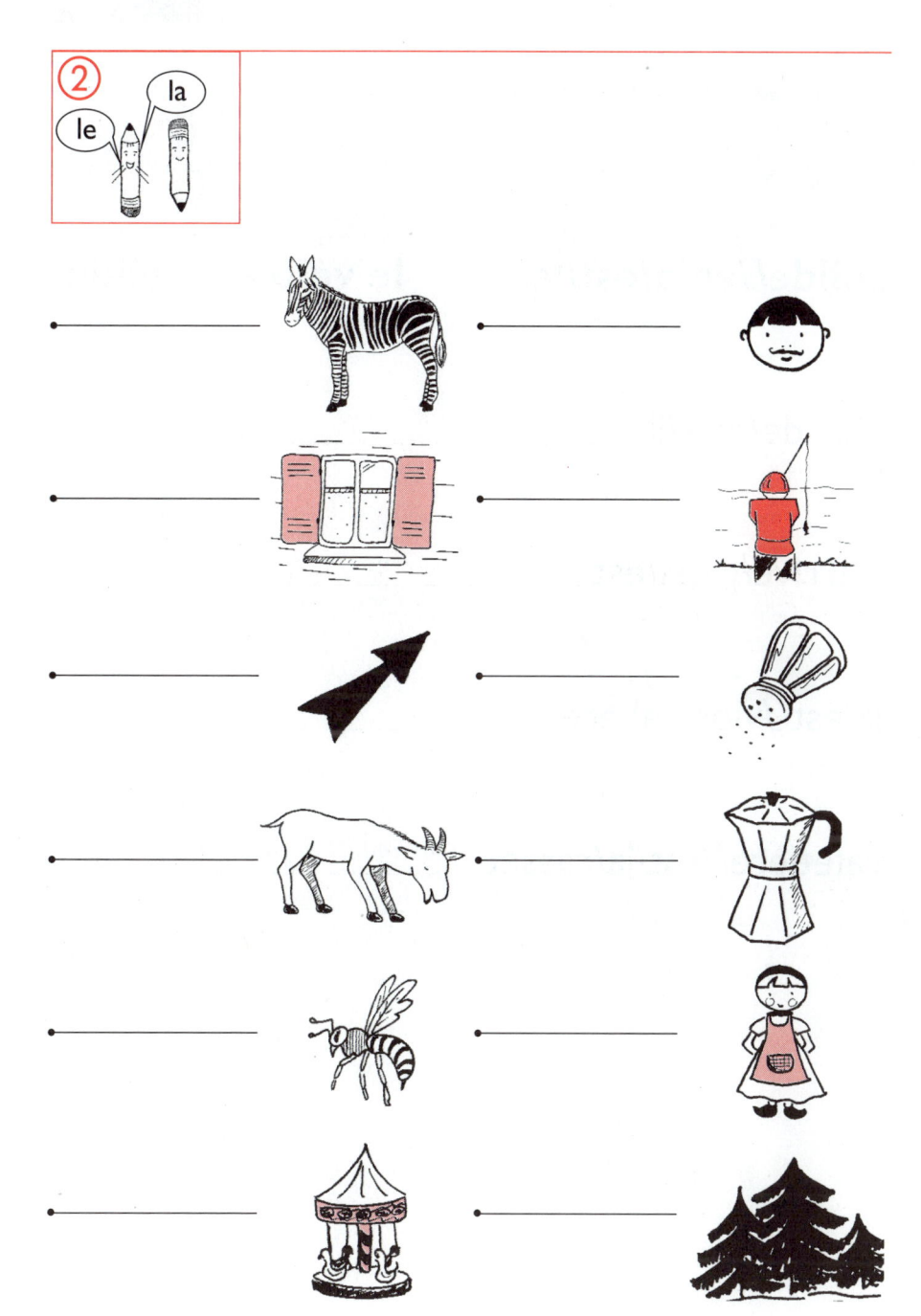

est = è
est

①

solide/./vélo/est/le/   le vélo est solide.

malade/est/./il _____

/./arrivé/papa/est _____

la/est/./vide/salière _____

cafetière/./est/la/cassée _____

② a / est

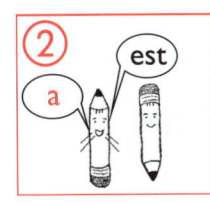

la barbu _a_ lavé sa barbe.

la casserole _____ sur la cheminée.

le bébé _____ malade.

il ___ mal à la tête.

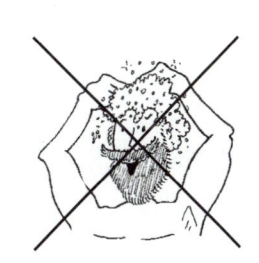

le renard ___ mordu le cheval.

le chat s'_____ cassé la patte.

65

les   des   mes   tes   ses

①

sépare : les|vélos   recopie : les vélos

lesvipères _____

despêches _____

meschats _____

tescasseroles _____

sesélèves _____

lesforêts _____

②

lis puis recopie les mots sur les _____ :

mes tulipes   ses amis   des biscuits
les carottes   tes chiots

tu sales _____.

tu parles à _____.

tu élèves _____.

tu ne marches pas

sur _____.

tu achètes _____.

→ nt = ~~nt~~

① solide/vélo/est/le/./
le vélo est solide.

les/./ils/pommes/ramassent

_____

réparent/./la/ils/moto

_____

bébés/pyjamas/les/./les/salissent

_____

②

lis puis recopie les mots sur les _____ :

chassent   n'amènent pas   achètent

fument   dorment

ils _____

une tarte à la banane.

les chats _____

sur le tapis.

ils ne _____

pas la pipe.

les lionnes _____

les zébus.

les papas _____

les bébés à l'école.

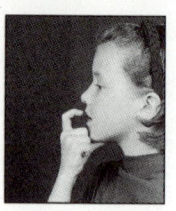

g ← a u o i é è
gu ←

①

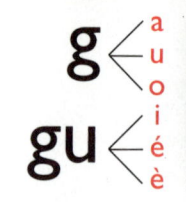

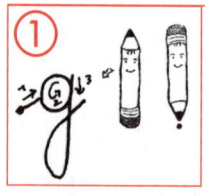

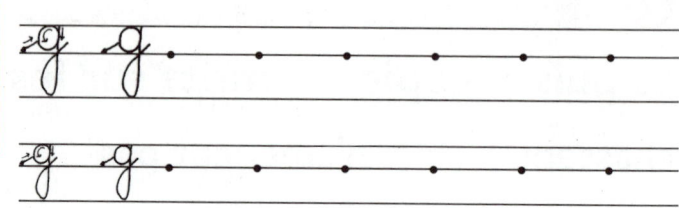

② reforme les mots :

te
mar
ri
gue
_____

ba
gue
_____

pe
guê
_____

re
gui
ta
_____

③ **lis puis recopie les mots sur les _____ :**

la gare   des légumes   la figure

fatigué   les vagues

guy s'est lavé _____.

ils regardent le navire

sur _____.

à midi,

il y a _____.

il est _____

car il est malade.

papa va partir

à _____.

71

br, pl, cr, fr, pr, gr, tr…

① **Reforme le mot :**

zè
bre

ra
pa
pluie

co
le
di
cro

nê
tre
fe

② **Lis puis recopie les mots sur les _____ :**

la grippe   grosse   se gratte

la prune   cravate

Marguerite a préparé

une bonne tarte à _____.

Le petit frère de Magali est malade,

il a _____.

Jérôme a mal car il a une

_____ bosse à la tête.

Papa a sali sa jolie _____.

Le tigre _____ le dos.

^b_g > **an** ^l_m > *an*

^j_p > **am** ^c_s > *am*

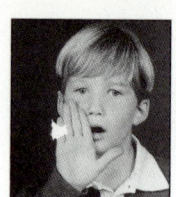

① **Reforme les mots :**

s**an**   j**am**   c**an**   l**an**

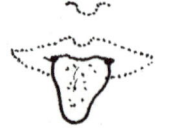

gue _____

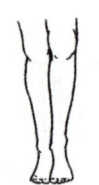

bes _____

da
le _____

li
pé _____

② **Sépare les mots : le|vélo**   **Recopie-les : le vélo**

lerub**an**unem**an**darinelach**am**bre

_____   _____   _____

③ Lis puis recopie les mots sur les _____ :

le manche   la viande   ses gants blancs

la branche   la cantine   blanche

À midi, il y a de _____

à _____.

Le canari chante sur _____ de l'arbre.

Tu as une très jolie écharpe _____.

Amandine a cassé _____

de la casserole.

Jean a prêté à Luc _____.

ane
ame

an
am

① **Recopie les mots :**

un collant   l'animal   le champ   l'amande   l'ananas
dimanche   maman   une dame   un diamant

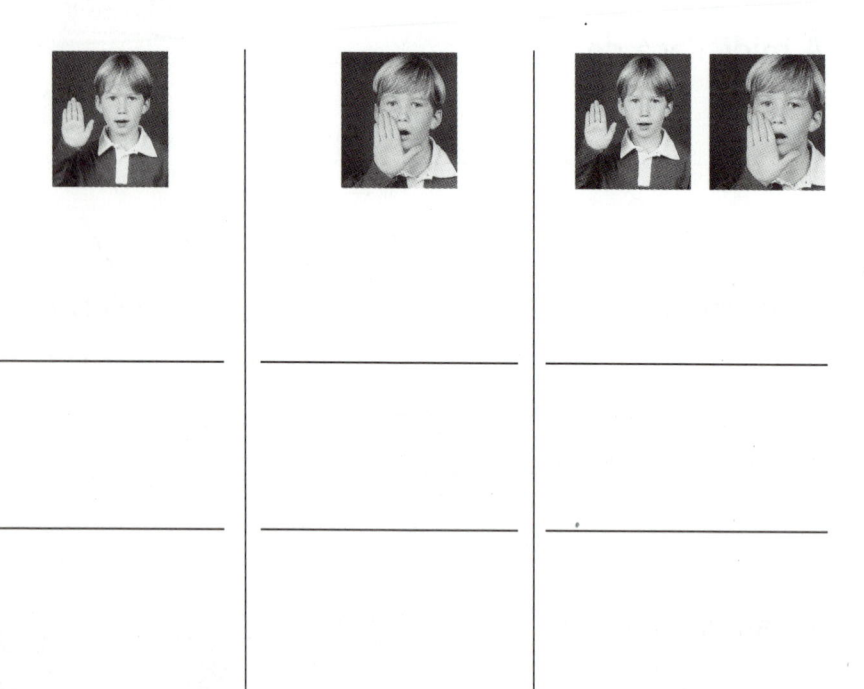

② **Lis puis recopie les mots sur les** _____ :

mandarine   la banane   dans   maman   ananas

Le canard dort _____ la cabane.

Dimanche, _____ a préparé

une tarte à _____ .

Il a bu du jus de _____ .

Le jus d'_____ a sali

la manche de la robe.

③ Jeannot a demandé
à la marchande sa caméra.
Amandine est l'amie de Magali.
Ma tante a cassé la lampe de la chambre.
Le petit cheval gambade dans le champ.
Le canard et la cane sont sur l'étang.

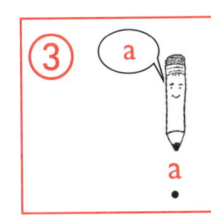

r/p >on   b/d > on
l/t >om   s/f > om

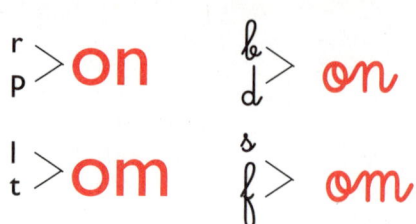

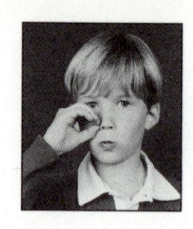

① **Reforme les mots :**

ron   pom   lon   ton

panta

neca

bebi

pe

② **Sépare les mots : le|vélo   Recopie-les : le vélo**

laconfitureunbonbonunecompote

③ **Lis puis recopie les mots sur les _____ :**

a rebondi   le pont   un lion   s'est trompé
le guidon   la confiture

La guenon se cache

car il y a _____.

Le ballon est crevé car il _____

sur un chardon.

Ton oncle est tombé, il a tordu _____

de son vélo.

Il y a un camion sur

_____

de la rivière.

Il _____,

il a mis de _____ dans son café.

79

ona   **on**
omme   **om**

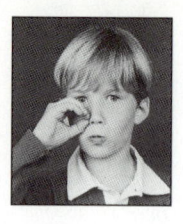

① **Recopie les mots :**

l'accordéon   le lion   la limonade   un cochon   la tomate
le nombre   un violon   une lionne   une trompe

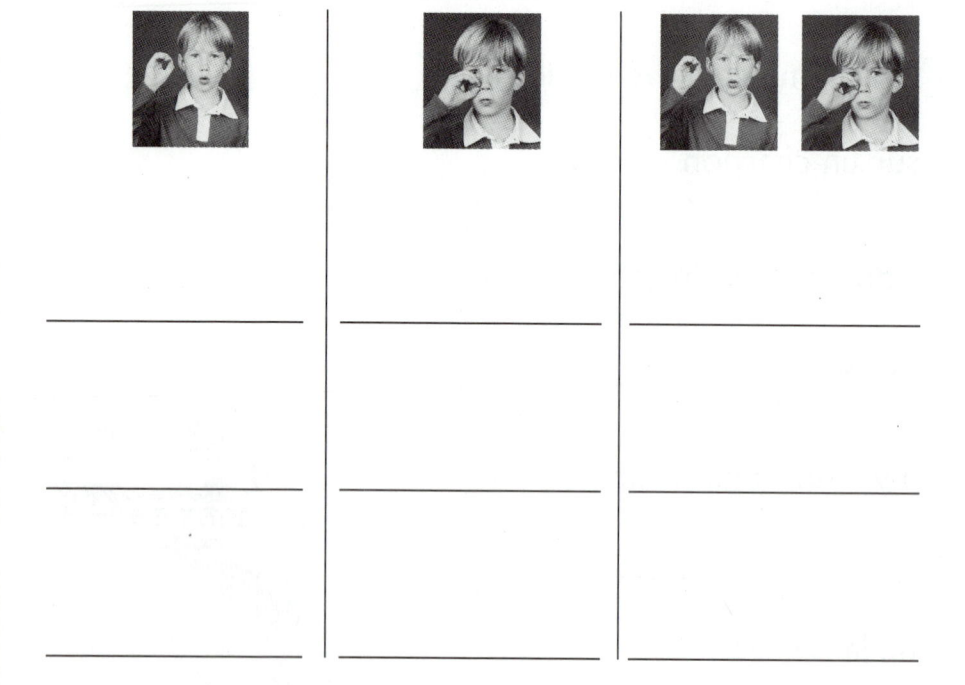

② **Lis puis recopie les mots sur les _____ :**

jambon   tombé   la pommade   bonne   nombres

Mon oncle a acheté

une _____ tarte.

Simon est _____,

il a mis de _____ sur sa jambe.

Mon petit frère a mal écrit

ses _____.

Simone a mis une tranche de

_____ sur sa biscotte.

③ Tu as sucré la compote de pommes.
Marion a donné une gomme à Manon.
Le lion a combattu contre la lionne.
Léon a mis son comprimé
dans la limonade.

p t > **oi**

v m > *oi*

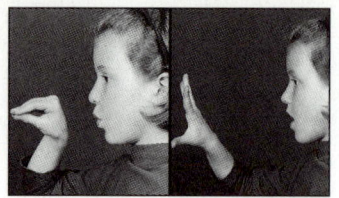

① **Reforme les mots :**

voi　　　moi　　　poi　　　toi

é
le

re
tu

re
ar

re

② **Sépare les mots : le|vélo　　Recopie-les : le vélo**

unpoissonuneboîtelavictoire

③ Lis puis recopie les mots sur les ⎯⎯ :

noire a soif des noix voiture les étoiles poire poisson

Ma grand-mère conduit

une grosse ⎯⎯⎯⎯⎯⎯⎯⎯⎯⎯ .

Il a mis ⎯⎯⎯⎯⎯⎯⎯⎯⎯⎯ dans la salade.

Antoine ⎯⎯⎯⎯⎯⎯⎯⎯⎯⎯ ,

il boit du jus de ⎯⎯⎯⎯⎯⎯⎯⎯⎯⎯ .

Le roi a pêché

un gros ⎯⎯⎯⎯⎯⎯⎯⎯⎯⎯ .

La nuit est ⎯⎯⎯⎯⎯⎯⎯⎯⎯⎯ ,

Benoît regarde ⎯⎯⎯⎯⎯⎯⎯⎯⎯⎯ .

an on oi

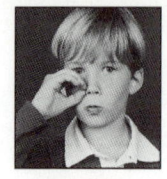

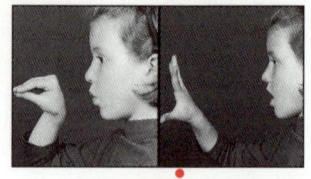

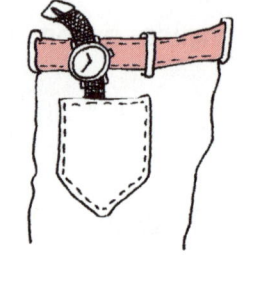

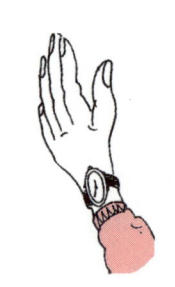

① **Complète par an, on :**

Il a ch . . té une très jolie ch . . s . . .

Tu as mis ta m . . tre

dans la poche de t . . p . . tal . . .

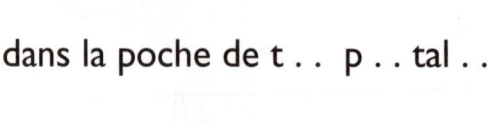

T . . ami a g . . flé le ball . . .

Dim . . che, m . . gr . . d-père

a t . . du le gaz . . .

② **Complète par an, oi :**

Parf . . s, la lune a la forme d'un croiss . . t.

. . t . . ne a décoré le salon,

il a mis une guirl . . de dorée sur le mir . . r.

Le r . . a acheté une grosse v . . ture bl . . che.

Ils se sont promenés d . . s le b . . s.

Ma t . . te a mis ses g . . ts bl . . cs

d . . s le tir . . r de l'arm . . re.

③ **Complète par on, oi :**

Mari . . a mis de la c . . fiture à la p . . re sur sa tartine.

Ils . . t mal à la langue car ils . . t pris
une b . . ss . . brûlante.

T . . frère a mis s . . p . . ss . . dans un bocal.

Tu ne d . . s pas écrire sur s . . livre marr . . .

85

oin

g / gr > oin

① **Recopie les mots :**

le rond-point   le goinfre   le groin   le poing

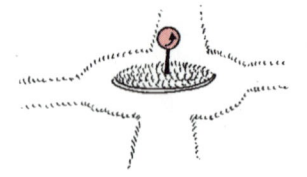

② Sépare les mots : le|vélo   Recopie-les : le vélo

la pointureloinuncoindufoin

_____   _____   _____   _____

③ Lis puis recopie les mots sur les _____ :

son groin   loin   le poing   rejoindre   un soin
une pointe   un coin

Il arrive de _____ ,

il est fatigué.

Ils ont mis le foin dans _____ du pré.

Aline s'est planté _____

dans _____.

Le cochon a mal à _____ ,

Martine lui a donné _____.

Luc va _____ Antoine dans la salle de sport.

87

P j > **ou**

f m > *ou*

① **Reforme les mots :**

jour   pou   mou   four

le _____

nal _____

mi _____

che _____

② **Sépare les mots : le|vélo   Recopie-les : le vélo**

unesourislachoucrouteunmouton

_____   _____   _____

③ Lis puis recopie les mots sur les _____ :

ont roulé   moutarde   le four   sous   la poule

sa poupée   trouve

Sandrine ne _____ plus _____.

La salade est forte

car il y a trop de _____.

Les boutons du pantalon sont tombés,

ils _____ sous l'armoire.

Charlotte a mis _____ à cuire

dans _____.

Léa a oublié

son cartable _____le lit.

H h *h*

① **Reforme les mots :**

      ha   hé   har   hi

mo
ca
ni _____

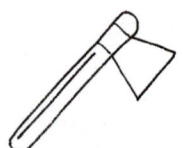

che _____

bou _____

ron _____

② **Sépare les mots :** le|vélo Recopie-les : le vélo

unehistoireunharicotlerhume

_____ _____

③ **Lis puis recopie les mots sur les _____ :**

de haricots   l'habitude   dehors   l'huile   hiboux
un hamac   le rhume

Hélène se mouche

car elle a _____.

Yves a _____

de dormir dans _____.

Les _____

chassent la nuit, ils dorment le jour.

Tu as mis de _____

dans la salade _____.

Les élèves jouent _____ dans la cour.

91

elle

① **Recopie les mots dans l'ordre :**

villa/dans/./elle/une/habite

_____

/./vu/hibou/a/elle/un

_____

tranche/coupe/./viande/une/elle/de

_____

du/toujours/elle/./piano/joue

_____

② **Complète par il ou elle :**

La souris a vu le chat, _____
se cache dans un petit trou.

Papi raconte une histoire,
_____ est très jolie.

Rémi a préparé une salade de fruits,
_____ est trop sucrée.

Le ballon est tombé sur un clou,
_____ est crevé.

Catherine a planté un arbre,
_____ va grandir.

Sabine a bu de la limonade,
_____ n'a plus soif.

Thomas répare la voiture car
_____ ne démarre plus,

_____ s'arrête

car _____ transpire.

k k
qu qu

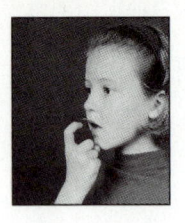

① **Reforme les mots :**

    kan   que   rou   bar   gou

    mo   qua   ze   ki   tor   no

② **Reforme les mots :** (le) (vé lo)   **Recopie-les :** le vélo

un mou sti que   u ne re mor que   un é la sti que

_____   _____   _____

③ **Lis puis recopie les mots sur les** _____ **:**

claque   croques   a quitté   l'élastique   coq
un masque   chocolat   casque   qui

Tu _____
des carrés de _____ .

Le motard _____
son joli _____ doré.

Nous avons acheté _____
de carnaval.

Dominique joue à _____ .

Le _____ regarde la poule
_____ chante.

Elle _____ la porte.

vr
p ⟩ **eau**
d
r ⟩ **au**

① **Reforme les mots :**

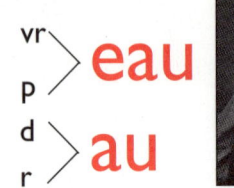

dra   teau   châ   peau

_____

_____

dau   tau   lan   reau

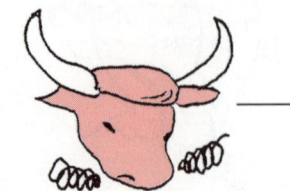

_____

_____

② Reforme les mots : (le) (vé lo)   **Recopie-les :** le vélo

la g**au** che   u ne **au** tru che   un **au** to bus

_____   _____   _____

③ Lis puis recopie les mots sur les ____ :

moineaux   du taureau   au   landau
veau   ruisseau   beau   gâteaux

Le _____ est le petit

de la vache et _____.

Pauline promène son bébé

dans un joli _____.

Nous donnons des bouts

de _____ aux _____.

Regarde mon chapeau , comme il est _____.

Elles jouent toujours _____

bord du _____.

97

et

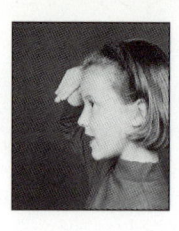

① **Complète par : et, a.**

Papa ____ un tournevis ____ un marteau.

Antoine ____ pêché une truite ____ un saumon.

Le taureau ____ la vache ont brouté,

le veau ____ dormi

car il ____ trop bu d'eau.

Luc ____ un bonnet ____

Jacques ____ une écharpe.

② **Complète par : et, sont.**

Le mouton ____ la chèvre ____ dans le pré.

Les poissons ____ dans l'étang ____

les canards ____ sur l'étang.

Tu as vu un chameau ____ un éléphant au zoo.

Les moineaux ____ dans l'arbre.

③ **Complète par : et, dans.**

Paul ____ Thomas sont ____ la chambre.

Le bébé dort ____ son landau

____ sa maman dort ____ son lit.

Il y a des élèves ____ la cour de l'école.

Pauline ____ Pascal habitent

____ un joli château.

p
t > **im**   ℓ
s   m > *in*
c > **ym**   f
              z > *yn*

① **Reforme les mots :**

    quin   pin   la   re

_____

_____

    bre   sa   tim   pins

_____

_____

② **Reforme les mots :** (le) (vé lo) **Recopie-les :** le vélo

u ne é pin gle le ma tin u ne tim ba le

_____   _____   _____

③ **Lis puis recopie les mots sur les _____ :**

matin   thym   quinze   Martin
poussin   le jardin   marcassins   sapins

Les _____ se cachent

dans la forêt de _____.

Elle a planté du _____

dans _____.

Le _____ est le petit

de la poule et du coq.

Le requin a dévoré _____ saumons.

Dimanche _____, Simon

a prêté ses patins à _____.

101

ine
ime

in
im

① **Recopie les mots :**

le dindon   le gamin   la lapine   la lime

une épine   un lapin   la limonade   le marin

un moulin   une gamine

② **Lis puis recopie les mots sur les _____ :**

gamin   le sapin   lapin   la limonade   gamine
les épines   la lapine

Le lapereau est le petit du _____

et de _____.

Martin et Martine ont bu

de _____.

Le _____ a mal car il est tombé

dans _____.

La _____

est montée sur _____.

③ Martin et Martine ont joué aux dominos.

Dimanche matin,

Pauline est venue nous voir.

Jacqueline a acheté des timbres à la poste.

Le gamin et la gamine taquinent un marin.

tr ⟩ ai
gr
l ⟩ ei
r

① **Reforme les mots :**

lei   rei   ba   ne   ne

_____

_____

ai   lai   gle   ba

_____

_____

② **Reforme les mots :** le vé lo   Recopie-les : le vélo

la l**ai** ne u ne l**ai** tue u ne gr**ai** ne la mi gr**ai** ne

_____   _____

_____   _____

③ **Lis puis recopie les mots sur les traits :**

des laitues   du lait   un trait   traire   faire
laine   ai   la migraine   fait froid

Mon oncle va _____
sa vache pour avoir _____.
Il _____, tu as mis ton manteau
de _____.
La reine est couchée
car elle a _____.
J'ai acheté _____
pour _____ une salade.
J'_____ pris ta règle
pour faire _____.

105

→ **et**

① **Reforme les mots :**

    gu**et**   cha   mu   l**et**

_____

_____

    n**et**   bou   bi   qu**et**   ro

_____

_____

② **Reforme les mots :** (le) (vé lo) **Recopie-les :** le vélo

un vo l**et** le pou l**et** un ca ch**et** le se cr**et**

_____ _____ _____

③ **Lis puis recopie les mots sur les traits :**

du poulet   un brochet   les volets   un secret
du robinet   mon filet   son chalet   minet
bouquet   muguet

Ma copine m'a dit _____.

Le matin, elle ouvre _____
de _____.

Tu as donné la peau _____
au _____.

Le roi offre à la reine un beau _____
de _____.

L'eau _____
coule dans le seau violet.

J'ai pêché _____
dans _____.

→ **er**
→ **ez**

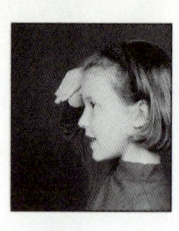

① **Reforme les mots :**

hi**er**   ni**er**   r**er**   mi**er**   dé   pa   ca   chi   da

② **Sépare les syllabes puis recopie :** a|bî|mer   a – bî – mer

marcher _____ _____

papier _____ _____

découper _____ _____ _____

③ **Sépare les mots puis recopie-les.**

Vousachet**ez**desgâteauxch**ez**lepâtiss**er**.

_____

④ **Lis puis recopie les mots sur les traits.**

chantez   sauter   marcher   jouer   achetez
vos souliers   chez

Pauline va _____

à la poupée _____ sa copine.

Vous _____

une corde à _____.

Vous _____

une jolie chanson.

Il ne faut pas _____ dans la boue

pour ne pas salir _____.

109

v
j ⟩ **eu**

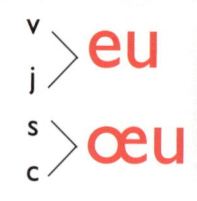

s
c ⟩ **œu**

① **Reforme les mots :**

        s**eu**r   t**eu**r   ch**eu**r   t**eu**r

pê   or   as   na   dan   ra   pi   di

_____

_____

_____

_____

② **Sépare les syllabes puis recopie : pê|cheur   pê – cheur**

danseur _____ _____

cheveu _____ _____

déjeuner _____ _____ _____

③ **Sépare les mots puis recopie-les.**

Iloffredesfleursàsasœur.

_____

④ **Lis puis recopie les mots sur les traits.**

sœur   déjeunons   le docteur   le coiffeur
heures   du beurre   les cheveux   au cœur

Maman se fait couper _____
chez _____.

Le dimanche, nous _____
à neuf _____.

J'ai mal _____,
je vais chez _____.

Ma petite _____
a mis _____ sur sa tartine.

→ **er** →

① **Reforme les mots :**

fer   her   ser   ver   be   miè   ser   veur   re

② **Sépare les syllabes puis recopie : per|dre   per – dre**

imperméable _____ _____ _____ _____ _____

mercredi _____ _____ _____

③ **Sépare les mots puis recopie-les.**

Leserveurversedelalimonade.

_____

④ **Lis puis recopie les mots sur les traits.**

l'herbe   perdu   une ferme   vert   verte
cherche   La fermière   imperméable

_____ habite

dans _____.

Il a plu, _____

est_____.

J'ai pris mon parapluie, car j'ai_____

mon _____.

Bernard _____

son feutre_____.

113

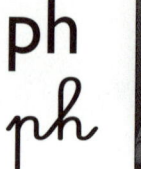

ph
ph

① **Reforme les mots :**

phin   pho   pha   phant   é   lé   lé   re   dau   ne   té

_____

_____

_____

_____

② **Sépare les syllabes puis recopie :**
é|lé|phant   é – lé – phant

photographie _____ _____ _____ _____

phoque _____ _____

③ **Sépare les mots puis recopie-les.**

Lephoqueestsurledosdel'éléphant.

_____

④ **Lis puis recopie les mots sur les traits.**

Sophie   les phares   Les phoques,
L'éléphant   Philippe   une photo

_____ aiment l'eau froide.

_____ a pris

_____ au zoo.

_____
se sert de sa trompe pour se laver.

_____ a cassé

_____ de sa voiture.

115

gn < eau / oi / ai / on

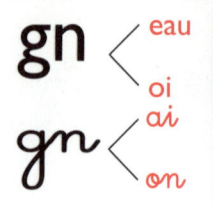

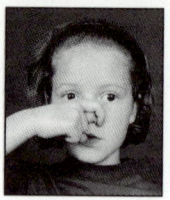

gn < eau / oi / ai / on

① **Reforme les mots :**

gnon   gnol   gneau   gne   pi   tai   gui   a   châ   cham

② **Sépare les syllabes puis recopie :** poi|gnet   poi – gnet

montagne _____ _____ _____

baignoire _____ _____ _____

116

③ **Sépare les mots puis recopie la phrase.**

Ellepleurecarelleéplucheunoignon.

_____

④ **Lis puis recopie les mots sur les traits.**

les lignes   mignon   araignée   tu as gagné
champignon   agneau

Tu es heureux car _____ la course.

Vous devez écrire sur_____.

La petite _____

dort sur un gros_____.

Le petit _____

est très _____.

elle, esse, erre, ette, enne

① **Reforme les mots :**

tel   ver   met   quet   al   te   bre   re   ra   te   les   lu

_____

_____

_____

_____

② **Sépare les syllabes puis recopie :**
chaus|set|te   chau – set – te

fourchette _____ _____ _____

échelle _____ _____ _____

③ Sépare les mots puis recopie la phrase.

Lachouetteestsuruneplancheàroulettes.

_____

④ Lis puis recopie les mots sur les traits.

nouvelle   assiette   la brouette   tresse,
Paulette   Pierre   la fourchette la pelle

Sur la table, _____

se met à côté de l'_____.

_____ a une _____

raquette de tennis.

Elle _____

les cheveux de _____.

Papa a mis _____ dans _____.

ec, es, ef, el, er, ef

① **Reforme les mots :**

got   car   les   es   tan   es   per   ca   gle   lier   rec

_____

_____

_____

_____

② **Sépare les syllabes puis recopie :**

mer|cre|di   mer – cre – di

caramel _____ _____ _____

couverture _____ _____ _____ _____

③ **Reforme les mots puis recopie la phrase.**

La pou le dé ter re un ver de ter re a vec son bec.

_____

④ **Lis chaque phrase, puis réponds aux questions.**

Ma sœur cherche sa poupée.

Qui cherche sa poupée ? _____

Que cherche ma sœur ? _____

Mon frère boutonne sa veste.

Qui boutonne sa veste ? _____

Que boutonne mon frère ? _____

Robert prépare le dessert.

Que prépare Robert ? _____

Qui prépare le dessert ? _____

ca   cé
co   ci
cu   cy

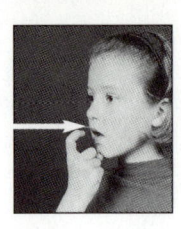

① **Reforme les mots :**

am   ce   ce   cy   gla   pin   gne   ceau   bu   lan

_____

_____

_____

_____

② **Sépare les syllabes puis recopie : ber|ceau   ber – ceau**

grimace _____ _____ _____

saucisson _____ _____ _____

③ **Reforme les mots puis recopie la phrase.**

A li ce su ce u ne su cet te au ca ra mel.

_____

④ **Lis chaque phrase, puis réponds aux questions.**

Ce matin, Patricia achète un nouveau cartable.

Qui achète un cartable ? _____

Quand Patricia achète-**t-elle** un cartable ? _____

Qu'achète Patricia ? _____

Hier, maman a préparé une glace au chocolat.

Qu'a préparé maman ? _____

Quand maman a-**t-elle** préparé une glace ? _____

Qui a préparé une glace ? _____

ca ça
co ço
cu çu

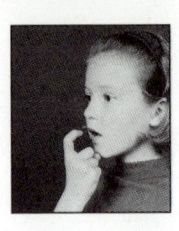

① **Reforme les mots :**

çon   çon   çon   çoi   lan   ha   gar   ma   re   me   ba

_____

_____

_____

_____

② **Sépare et recopie les syllabes du mot :**

colimaçon _____ _____ _____ _____

③ **Reforme les mots puis recopie la phrase.**

Nous la çons les la cets de nos chaus su res.

_____

④ **Lis chaque phrase, puis réponds aux questions.**

Mercredi, le maçon a construit un mur.

Qui a construit un mur ? _____

Quand le maçon a-**t-il** construit un mur ? _____

Qu'a construit le maçon ? _____

Cet après-midi, Coralie a cassé la balançoire.

Qu'a cassé Coralie ? _____

Quand Coralie a-**t-elle** cassé la balançoire ? _____

Qui a cassé la balançoire ? _____

ca   ça ce
co   ço ci
cu   çu cy

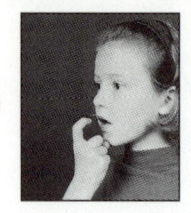

① **Mets un point sous le son [s],
trace un petit trait sous le son [k]:
Patricia   chocolat**

Cécile achète des bonbons.

Coralie fait de la balançoire avec Patrice.

Ce matin, nous récitons nos leçons.

Le maçon construit un escalier.

La carpe n'a pas mordu à mon hameçon.

Céline est ma copine.

Lucie fait des grimaces.

Patrice caresse son chat.

② **Complète par un c ou ç :**

Je . roque une . igarette faite de cho . olat.

Patri . ia va à l'é . ole.

. e gar . on fait des grima . es.

Nous per . ons . es trous dans le mur.

Lu . ie joue au . er . eau ave . Fabri . e.

Ali . e se balan . e sur la balan . oire.

Elle su . e un bonbon au . itron.

Nous su . ons un bonbon au . aramel.

ga   ge
gu   gi
go   gy

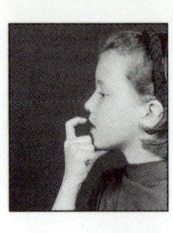

① **Reforme les mots :**

fro ge ga geur gi plon ra ma ra ge fe

_____

_____

_____

_____

② **Sépare les syllabes puis recopie : sin|ge   sin – ge**

nuage _____ _____ _____

horloge _____ _____ _____

③ **Reforme les mots puis recopie la phrase.**

Gé ral di ne ran ge ses ba ga ges der riè re l'hor lo ge.

_____

④ **Lis chaque phrase, puis réponds aux questions.**

Le singe fait de la gymnastique dans sa cage.

Que fait le singe **?** _____

Où le singe fait**-il** de la gymnastique **?** _____

Qui fait de la gymnastique **?** _____

Gérard a mis deux glaçons dans son jus d'orange.

Qu'a mis Gérard dans son jus d'orange **?** _____

Où Gérard a**-t-il** mis deux glaçons **?** _____

Qui a mis deux glaçons **?** _____

gue
gui
guy

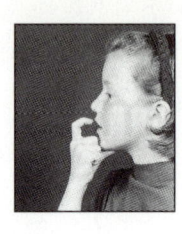

geo
gea

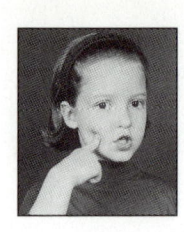

① **Reforme les mots :**

gui   guir   geon   geoi   lan   re   re   na   de   ta   pi

_____

_____

_____

_____

② **Sépare les syllabes puis recopie : bou|geoir   bou – geoir**

rougeole _____ _____ _____

bourgeon _____ _____

③ **Reforme les mots puis recopie la phrase.**

Geor ges a mis u ne bou gie sur le bou geoir.

_____

④ **Lis chaque phrase, puis réponds aux questions.**

Hier après-midi, à la piscine, Guy a fait des plongeons.

Qui a fait des plongeons ? _____

Où Guy a**-t-il** fait des plongeons ? _____

Quand Guy a**-t-il** fait des plongeons ? _____

Tous les jours, Marguerite met des graines dans la mangeoire des pigeons.

Quand Marguerite met**-elle** des graines ? _____

Où Marguerite met**-elle** des graines ? _____

Que met Marguerite dans la mangeoire ? _____

gue ga   geo ge
gui gu   gea gi
guy go   gy

① **Complète par g ou gu :**

Les pin……oins aiment l'eau …lacée.

Mar……erite joue de la ……itare.

…abriel met une ……irlande sur le sapin.

……y va à la …are.

Le ……épard a …riffé une ……enon.

② **Complète par g ou ge :**

…érard plon……e du plon……oir.

……or…es met une bou…ie sur le bou……oir.

Le poisson rou…e bou…e ses na……oires.

Nous man……ons des oran…es.

Les pi……ons man…ent le blé de la man……oire.

③ Complète par g, gu ou ge :

Mon …rand-père ran…e son foin dans une …ran…e.

Nous man……ons du …i…ot de mouton.

…éraldine s'est mordu la lan……e.

……y a sorti sa voiture du …ara…e.

Nous ran……ons nos ba…a…es dans l'armoire.

…érald a …lissé sur du ver…las.

Il …èle, il y a du …ivre sur les arbres.

Elle a fait une lon…e promenade.

l
r ⟩ **ain**

d
m ⟩ **aim**

p
t ⟩ **ein**

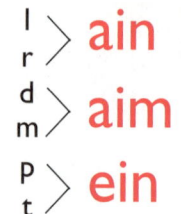

① **Reforme les mots :**

p**ein**   p**ein**   l**ain**   r**ain**   re   tre   ter   vi   tu

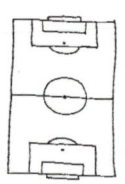

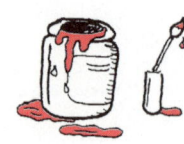

_____

_____

_____

_____

② **Sépare et recopie les syllabes de chaque mot :**

repeindre _____

maintenant _____

③ **Reforme les mots puis recopie la phrase.**

Le daim est un a ni mal crain tif.

_____

④ **Lis les phrases, puis réponds aux questions.**

Demain après-midi, mon parrain jouera au ballon sur le terrain de sport.

Qui jouera au ballon ? _____

Où mon parrain jouera-**t-il** au ballon ? _____

À quoi mon parrain jouera-**t-il** ? _____

Quand mon parrain jouera-**t-il** au ballon ? _____

Mon parrain jouera-**t-il** à la pétanque ?_____

s
t > **en**

r
l > **em**

① **Reforme les mots :**

te   ac   le   fants   du   ci   en   dent   ten   pen

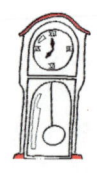

② **Sépare et recopie les syllabes de chaque mot :**

médicament _____

tempête _____

③ **Reforme les mots puis recopie la phrase.**

A li ne en tend le vent qui se coue sa ten te.

_____

④ **Lis les phrases, puis réponds aux questions.**

Laurent et Laurence rentrent de l'école.
Il emporte son cartable, elle emporte son sac de sport.

Qui emporte son cartable ? _____

D'où rentrent-**ils** ? _____

Qui emporte son sac de sport ? _____

Qui rentre de l'école ? _____

Qu'emporte Laurence ?_____

Qu'emporte Laurent ?_____

ti = si

① **Reforme les mots :**

    ter di ga tion ro ad in tion

          +   **?**

_____   _____

② **Sépare et recopie les syllabes de chaque mot :**

habitation _____

circulation _____

③ **Reforme les mots puis recopie la phrase.**

L'a cro ba te fait u ne jo lie a cro ba tie.

_____

④ **Lis les phrases, puis réponds aux questions.**

Demain, Thomas et Charlotte joueront à des jeux de circulation, dans la cour de récréation. Il fera l'agent, elle fera l'automobiliste.

À quoi joueront Thomas et Charlotte ? _____

_____

Où joueront-**ils** ? _____

Qui fera l'agent ? _____

Quand joueront-**ils** ? _____

Qui fera l'automobiliste ? _____

Qui jouera à des jeux de circulation ? _____

_____

Que fera Charlotte ? _____

Que fera Thomas ? _____

a oi ss eu i ou	en é on y	a oi s eu i ou	en é on y

① **Reforme les mots :**

ce   son   rai   seau   oi   ri   sin   mai   ses

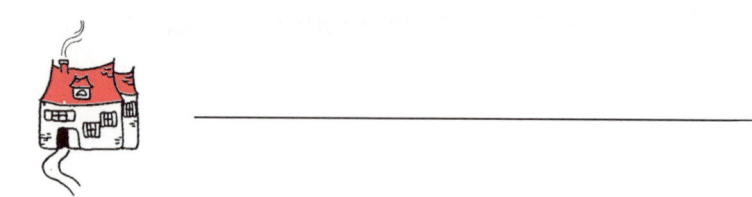

_____

_____

_____

_____

② **Sépare et recopie les syllabes de chaque mot :**

chemise _____

tondeuse _____

③ **Reforme les mots puis recopie la phrase.**

De ni se a u ne gros se bos se à la tê te.

_____

④ **Lis les phrases, puis réponds aux questions.**

Ce matin, Lucie a ramassé des framboises et Baptiste a ramassé des fraises. Cet après-midi, dans la cuisine, ils prépareront une salade de fruits.

Qui a ramassé des fraises ? _____

Où prépareront-**ils** la salade de fruits ? _____

Qu'a ramassé Lucie ? _____

Quand prépareront-**ils** la salade de fruits ? _____

_____

Quand Baptiste a-**t-il** ramassé des fraises ? _____

_____

Qui prépare la salade de fruits ? _____

141

ille
aille
ouille

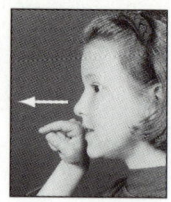

① **Reforme les mots :**

lon   mé   la   nouil   pa   dail   ge   le   le   pil   gre   gril

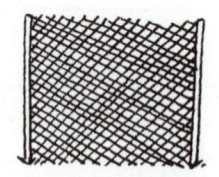

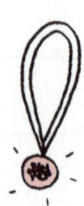

② **Dans chaque phrase, il manque « ill » au mot écrit en gras. Récris correctement le mot sur le trait :**

La **chene** se transformera en papillon. _____

Les poules dorment dans le **poulaer**. _____

Mon petit frère fait des **gribouages**. _____

Mon cahier de **brouon** est fini. _____

③ **Lis les phrases, puis réponds aux questions.**

Dans le poulailler, les poules fouillent la terre avec leurs pattes pour attraper les chenilles.

Que fouillent les poules ? _____

Qui attrape les chenilles ? _____

Où les poules fouillent-**elles** la terre ? _____

_____

Avec quoi les poules fouillent-**elles** la terre ? _____

_____

Qui fouille la terre ? _____

Pourquoi les poules fouillent-**elles** la terre ? _____

_____

v
t ⟩ien

r
m ⟩ien

① **Reforme les mots :**

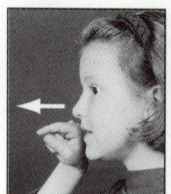

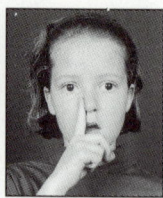

cien cien cien gien ca mé gi rur phar ni chi ma ma

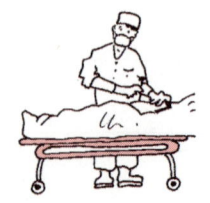

② **Dans chaque phrase, il manque une lettre au mot écrit en gras. Écris dans le carré la lettre manquante, puis écris correctement le mot sur le trait :**

Mon **chen** ☐ s'appelle Azor. _____

Les **indies** ☐ savent tirer à l'arc. _____

Les **Italens** ☐ mangent beaucoup de pâtes. _____

Nous irons **bietôt** ☐ en récréation. _____

③ **Lis les phrases, puis réponds aux questions.**

Hier au soir, Fabienne et Adrien ont regardé un film amusant à la télévision. Adrien a préféré les comédiens et Fabienne a préféré les comédiennes.

Qui a regardé un film amusant ? _____

Qu'a-t-il préféré ? _____

Quand ont-**ils** regardé un film ? _____

Qu'a-t-elle préféré ? _____

Qui a préféré les comédiens ? _____

Qui a préféré les comédiennes ? _____

Était-ce un film triste ? _____

Ont-ils vu le film au cinéma ? _____

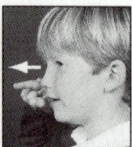

euil euille   eil eille

① **Reforme les mots :**

bou   v**e**il   cu   le   le   r**eu**il   f**eu**il   t**e**il   é   ré

② **Dans chaque phrase, il manque une lettre au mot écrit en gras. Écris dans le carré la lettre manquante, puis écris correctement le mot sur le trait :**

Le **solil** ☐ brille dans le ciel. _____

Papa a perdu son **portefeille** ☐. _____

Ma petite sœur se **réveile** ☐. _____

Le **bouvreui** ☐ est un petit oiseau. _____

③ **Lis la phrase, puis réponds aux questions.**

Ce matin, dans l'arbre, l'écureuil a cueilli une pomme de pin et l'a lancée sur le bouvreuil qui s'est envolé.

Qu'a cueilli l'écureuil ? _____

Qui s'est envolé ? _____

Qu'a lancé l'écureuil ? _____

Où l'**a-t-il** lancée ? _____

Qui a cueilli une pomme de pin ? _____

Qui l'a lancée ? _____

Quand s'est-**il** envolé ? _____

Où étaient l'écureuil et le bouvreuil ? _____

147

a   é
o y oi
u   ou

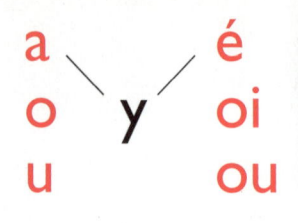

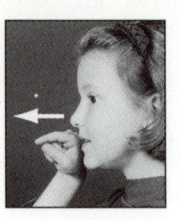

① **Complète chaque phrase.**

rayon   les rayons   rayures

une rayure   essuyer   voyage   le noyau

Je vais _____ la vaisselle.

_____ du soleil traversent le nuage.

Yves aime bien les chemises à _____.

Yohan a cassé un _____ de la roue du vélo.

Yann a fait _____ à sa voiture.

Cet été nous partons en _____.

Il ne faut pas avaler _____ de la cerise.

② Lis les phrases, puis réponds aux questions.

Cet après-midi, Yves et Yvette ont aidé maman. Yves a balayé la chambre d'Yvette. Elle a lavé et essuyé la vaisselle. Maman a nettoyé le sol de la cuisine.

Qu'a nettoyé maman ? _____

Qu'a balayé Yves ? _____

Qu'a-t-elle lavé et essuyé ? _____

Quand ont-**ils** aidé maman ? _____

Qui a balayé la chambre ? _____

Qui a nettoyé le sol de la cuisine ? _____

Qui a aidé maman ? _____

À qui est la chambre ? _____

Qui a lavé et essuyé la vaisselle ? _____

x ← i é o

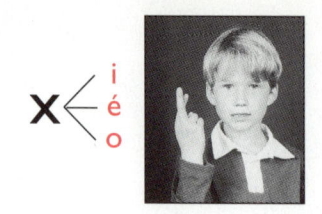

① **Reforme les mots :**

xo   in   xi   sa   bo   ta   ne   dex   pho   xe

150

② **Lis les phrases, puis réponds aux questions.**

Hier, les élèves ont organisé une exposition. Ils ont fixé aux murs de la classe tous leurs dessins. Xavier était absent, car il était malade. Le docteur l'a examiné, il a la grippe.

Qui a organisé une exposition ? _____

Qui était malade ? _____

Qui a fixé aux murs les dessins ? _____

Quand l'exposition a-**t-elle** été organisée ? _____

À qui étaient les dessins ? _____

Pourquoi Xavier était-**il** absent ? _____

_____

Où ont-**ils** organisé l'exposition ? _____

_____

Qui a la grippe ? _____

é   è

① **Mets l'accent aigu ou l'accent grave sur le « e » des mots soulignés, quand il le faut.**

Le mouton broute dans le pre.

Je joue pres de la maison.

J'entends la sirene du bateau.

J'ai vide la bouteille dans l'evier.

Il a avale son remede contre la fievre.

Le bebe a dechire le cahier de son frere.

Le chat a griffe l'epaule de Jerôme.

Les eleves ont lave les classes de l'ecole.

En ete, je me baigne dans l'etang.

Le matin il boit du the ou du cafe.

L'helicoptere vole tres haut.

Je seme de la salade.

Le chat leche sa patte.

Au marche j'achete des legumes.

① **Lis puis écris « gar » ou « gra » sur les « ... ».**

Je re...de la télé.
Le chat se ...tte la tête.
Tu ...des le bébé.
Le ...de se ...tte le bras.

② **Lis puis écris « car » ou « cra » sur les « ... ».**

Papa a pêché une ...pe.
Tu as sali le ...table.
J'achète une ...vate.
Tu écris une ...te postale.
Il a ...ché sur le mur.
Le livre est ...tonné.

③ **Lis puis écris « tor » ou « tro » sur les « ... ».**

Le cheval ...tte.
La ...tue ne marche pas vite.
Adeline ...ttine sur le tapis.
Luc m'a ...du le bras.
Marc a mal, il a un ...ticolis.

① **Lis puis recopie les mots sur les traits.**

　　　sous　　　à côté　　　dans　　　sur　　　chez

Mon frère va jouer _____ un ami.

Le chien dort _____ sa niche.

Le chat se cache _____ le lit.

Je mets mon bonnet _____ la tête.

Marion est assise _____ de Julie.

② **Lis puis recopie les mots sur les traits.**

　　　avec　　　près de　　　pour　　　contre　　　après

J'achète un cadeau _____ maman.

Le chien court _____ le chat.

La maison est contruite _____ la rivière.

Il s'est cogné la tête _____ le mur.

Tu écris _____ un stylo bleu.

① **Lis puis recopie les mots sur les traits.
Chaque mot sert deux fois.**

à la   au   à l'

Mes copains vont _____ cinéma.

Je vais souvent _____ piscine.

Nous allons _____ école.

Nous irons _____ fête.

J'ai mangé un yaourt _____ ananas.

Je donne un os _____ chien.

② **Lis puis recopie les mots sur les traits.
Chaque mot sert deux fois.**

de l'   du   de la

Nous buvons _____ eau.

Nous mangeons _____ purée.

Tu mets _____ beurre sur ta tartine.

Elle fait _____ danse.

Je sors ma trousse _____ cartable.

Vous revenez _____ école.

① **Écris le nom de la lettre dans le rectangle blanc.**

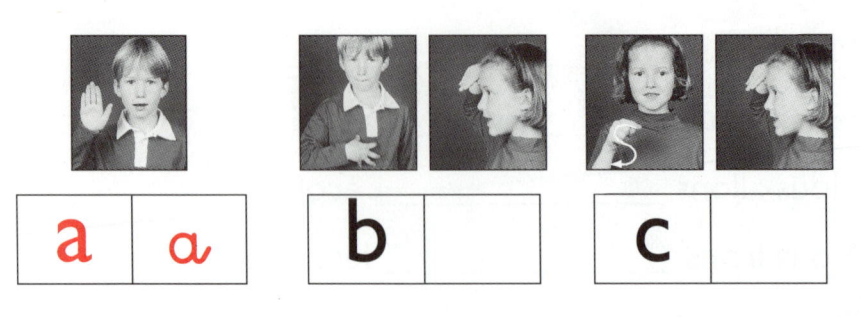

| a | α |

| b | |

| c | |

| d | |

| e | |

| f | |

| g | |

| h | |

| i | |

j k l

m n o

p q r

s t u

V

double W

X

y grec

z

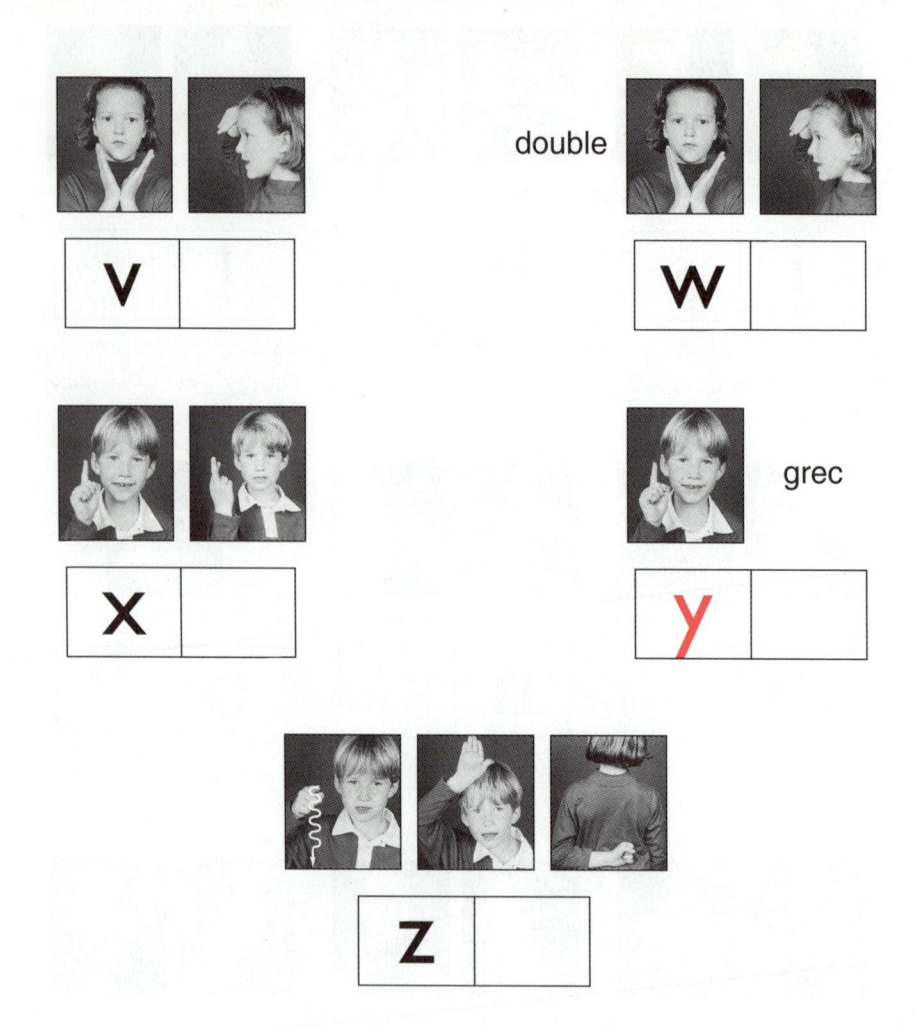

■ À l'intention de l'enseignant

Représenter l'alphabet avec les gestes permet de mieux visualiser la différence entre la consonne lue et le nom de la consonne dans l'alphabet. Ainsi, quand on aborde les consonnes en lecture, l'accent est mis sur la prononciation de la lettre dans les mots, ce qui est dit par la bouche, entendu par l'oreille et vu par les yeux (la lettre écrite).

Le nom de la consonne est différent de sa prononciation dans un mot. Cette différence est source de confusion pour trop d'enfants.

Il est important de familiariser d'abord l'enfant avec la prononciation de la lettre dans un mot, une syllabe, ce que l'on entend quand on dit le mot, la syllabe. Plus tard, lorsqu'il est à l'aise avec cette consonne (il la prononce correctement, l'entend et la retrouve dans les mots, peut lire les syllabes écrites), le nom de cette consonne est alors abordé. C'est à l'enseignant d'apprécier le moment opportun de le faire. Certains enfants pourront continuer de dire le son de la consonne et non pas son nom, et, à un certain moment, ils seront capables de dire son nom.

Voilà pourquoi cet alphabet se trouve en fin d'ouvrage.

Collection Didactique du français
dirigée par Yves Reuter

La collection *Didactique du français* propose des ouvrages alliant réflexion théorique et démarches de travail, dans le domaine de l'enseignement-apprentissage du français, de l'écrit et de l'oral. Les auteurs, spécialistes de ces questions, ont le souci constant d'articuler exigence de rigueur et lisibilité.

Ces ouvrages, portant sur lecture, écriture, parole et écoute, sont donc destinés aussi bien aux chercheurs qu'aux formateurs (en formation initiale ou continue, dans les secteurs public et privé), aux rééducateurs et thérapeutes, aux enseignants et futurs enseignants.

Sur chacun des thèmes abordés, ils permettent de faire un état de la question, d'ouvrir des pistes nouvelles et d'élaborer des possibilités d'action.

* * *

Analyser et favoriser la parole des petits
Un atelier de langage à l'école maternelle
Mireille Froment, Jocelyne Leber Marin

Animer un atelier d'écriture
Faire de l'écriture un bien partagé
Odette et Michel Neumayer

Apprendre à lire en maternelle
Hélène Gilabert

Apprendre à penser, parler, lire, écrire
Laurence Lentin

Atelier d'écriture : mode d'emploi,
Guide pratique de l'animateur
Odile Pimet avec la collaboration de Claire Boniface

Bien lire et aimer lire ,
Méthode phonétique et gestuelle créée par Suzanne Borel-Maisonny,
    Livre 1 : Cours préparatoire et élémentaire
    Livre 2 : Fin de cours préparatoire, cours élémentaire
Clotilde Silvestre de Sacy
    Livre 3 : Cahier d'exercices de lecture syllabique
    Cours préparatoire et élémentaire
Yves Blanc

La description,
Des théories à l'enseignement-apprentissage
Yves Reuter

L'écriture extra-scolaire des collégiens,
Des constats aux perspectives didactiques,
Marie-Claude Penloup, avec I.Brun, D.Fernandez, P.Plouchard

Enseigner et apprendre à écrire
Yves Reuter

Face à l'illettrisme,
Enseigner l'écrit à des adultes
Véronique Leclercq

Pour un enseignement de l'oral,
Initiation aux genres formels à l'école
Joaquim Dolz, Bernard Schneuwly

Réécrire à l'école et au collège,
De l'analyse des brouillons à l'écriture accompagnée
Claudine Fabre-Cols

Sur la lecture
Perspectives sociocognitives dans le champ de la lecture-écriture
Jacques Fijalkow

* * *

Pour tous les autres titres de notre catalogue, voir notre site :
www.esf-editeur.fr

ACHEVÉ D'IMPRIMER EN JUILLET 2003 SUR LES PRESSES DE L'IMPRIMERIE LIENHART
07200 AUBENAS (FRANCE) - NUMÉRO D'ÉDITION : 2942 ED 2742
DÉPÔT LÉGAL : JUILLET 2003 – NUMÉRO D'IMPRESSION : 6839

Imprimé en France